2016 다보스 리포트

2016 DAVOS REPORT

# 2016 다보스 리포트

## 인공지능발 4차 산업혁명

| 김정욱·박봉권·노영우·임성현 지음 |

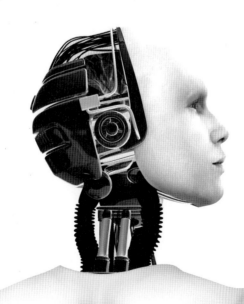

매일경제신문사

# 머리말

2016년 1월 20일부터 나흘간 스위스 동부 스키휴양지 다보스에서 열린 다보스포럼(세계경제포럼·WEF)을 관통하는 대주제는 '4차 산업혁명의 이해Mastering the 4th Industrial Revolution'였다. 나흘 동안 동시다발적으로 진행된 300여 개 세션 중 절반에 가까운 140여 개가 4차 산업혁명과 관련된 주제를 다뤘다. 증기기관 발명으로 촉발된 1차 산업혁명, 조립라인을 활용, 대량생산 혁명을 불러온 2차 산업혁명, PC와 인터넷을 통해 생산성 혁신을 이룬 3차 산업혁명으로 전 세계 경제는 비약적으로 발전했고 삶의 질은 높아졌다. 이제 또다시 글로벌 경제는 로봇, 인공지능AI, 사물인터넷IoT 등 최첨단 기술의 융합을 통해 이전에는 상상할 수 없었던 신시대 개막 도래를 예고하는 4차 산업혁명 초입에 들어섰다.

다보스포럼이 제시한 '산업혁명 4.0'은 뜬구름 잡는 얘기가 아니다. 이미 우리 앞에 다가와 있는 현실이다. 다보스포럼 현장에서 전 세계를 혁명적으로 변화시킬 로봇·AI 등 미래기술의 급속한 발전이 글로벌 산업 지형도를 뒤흔들고 전 세계에 혁명적인 변화를 몰고 올 것이라는 데 이견을 다는 참석자를 찾아보기 힘들었다. 4차 산업혁명이 침체의 늪에 빠진 전 세계 경제에 신성장동력 원천이 될 것이라는 기대감도 컸다.

지난 3월 전 세계인들의 관심 속에 진행된 구글 딥마인드Google DeepMind의 인공지능 바둑프로그램 '알파고'와 이세돌 9단과의 역사적인 세기의 대결은 인공지능이 얼마만큼 혁신적으로 진화했는지 여실히 보여줬다. 지난 1996년 2월 10일 IBM 인공지능 컴퓨터 딥블루가 당시 체스 세계 챔피언인 가리 카스파로프를 꺾는 사건이 있었다. 전 세계는 충격을 받았지만 체스의 경우, 경우의 수가 제한적이라는 점을 위안으로 삼았다. 가로, 세로 19×19 줄을 가진 4000년 역사의 바둑은, 경우가 수가 거의 무한대에 가깝다는 점에서 AI가 바둑 최고수를 넘어서기는 힘들 것으로 자신했다. 하지만 서울 한복판에서 벌어진 수퍼 인공지능 알파고와 세계 최정상 프로기사 이세돌 간 대결에서 또 한번 인류는 패배를 맛봐야 했다. AI의 혁명적인 진화에 대해 감탄하는 대신 전 세계는 충격을 넘어 소름끼치는 현실에 우울함을 느끼기까지 했다. AI로 무장한 로봇들이 사람들의 일자리를 모두 빼앗아가고 인간의 지성을 넘어설 것이라는 공포감도 커졌다. 하지만 구글 창업자 세르게이 브린은 AI가 바둑, 체스 등 특정 분야에만 국한돼 최적의 효율을 발휘하도록 프로그램 돼있기 때문에 결코 인간의 지성에는 미칠 수 없다고 단언했다. 과연 AI 진화의 끝은 어떤 모습일까.

《2016 다보스 리포트》는 포럼에 참석한 전 세계 정책 결정권자는 물론 글로벌 경제를 쥐락펴락하는 글로벌 기업, 초대형 금융기관 총수, 세계적인 석학 등 내로라하는 글로벌 파워엘리트들과의 인터뷰와 주요 세션에서 논의된 올해 화두를 일목요연하게 정리한 책이다. 다보스포럼 주제인 4차 산업혁명은 물론 올해 전 세계 경제흐름을 결정할 핵심현안에 대한 구체적인 내용이 모두 담겨있다.

《2016 다보스 리포트》는 총 7개 PART로 구성돼 있다. PART 1~3은 4차 혁명이 몰고 올 새로운 세계에 대해 다루고 있다. PART 1 '4차 산업혁명'은 산업혁명 역사와 함께 4차 산업혁명이 바꾸는 세상을 이야기한다. 4차 산업혁명이 전 세계적으로 소득수준을 향상시키고 삶의 질을 개선할 수 있는 무한한 잠재력을 갖추고 있지만 포럼 현장에서 4차 산업혁명이 초래할 부작용에 대해 걱정하는 목소리도 적지 않게 나왔다. 4차 산업혁명을 이끄는 인공지능 로봇이 사람들의 일자리를 대체하고 사회적 불평등을 키울 수 있다는 불안감 때문이다.

PART 2 '4차 산업혁명 보고서'는 다보스포럼 현장에서 공개된 글로벌 금융사 UBS의 '4차 산업혁명백서', 다보스포럼이 발표한 '미래고용보고서'와 '리스크 리포트', 글로벌 회계법인 PwC의 글로벌 CEO 설문조사 내용을 정리했다. 다보스 미래고용보고서는 4차 산업혁명때문에 앞으로 5년간 일자리 700만 개가 사라질 것으로 분석했다. 또 4차 산업혁명을 이해하지 못하고 대비하지 않는 기업과 국가는 치열한 생존게임에서 도태될 수 밖에 없다는 준엄한 경고도 담고 있다.

PART 3 '4차 산업혁명 도전과 기회'는 대변혁을 가져올 4차 산업혁명과 관련 세션내용을 담았다. 1, 2, 3차 산업혁명 시기를 거치면서 새로운 국가와 산업이 부상했다. 산업혁명 4.0 도래도 마찬가지다. 4차 산업혁명은 기존 틀을 흔드는 게임체인저다. 이같은 생존게임에서 승리하려면 4차 산업혁명의 승자가 돼야 한다. 기업들은 완전히 새로운 경영 방식을 신속하게 도입해야 한다. 전지구적인 경쟁 속에 전례 없는 속도로 발전하는 기술이 순식간에 기존 패러다임을 송두리째 뒤흔드는 상황이 연출될 것이기 때문이다. 종전에는 미국 등 선진국은 자본집약적 산업으로, 중국 등 개발도상국은 저임금 노동력을 활용해 성장을 꾀했지만 4차 산업혁명은 기존 성장 공식을 근본적으로 바꿔놓을 것이다. 노동력과 자본력이 풍부하지 않더라도 4차 산업혁명 핵심 기술을 습득하고 발전시킬 수 있다면 선진국과 개도국 모두 성장 모멘텀을 찾을 수 있다. 이때 근로자들이 빠르게 변화하는 기술을 습득하고 활용하려면 노동시장 유연성이 필수적이다.

PART 4 '차이나 쇼크'에서는 미국과 함께 글로벌 경제를 이끌고 있는 G2 국가 중국 경제를 다루고 있다. 4차 산업혁명 명암과 함께 다보스포럼이 열리는 기간 중 참석자들의 가장 큰 관심을 받았던 이슈는 바로 중국이었다. 지난해 중국 경제성장률이 25년래 처음으로 7% 아래로 추락하는 등 글로벌 경제 한축을 담당하고 있는 중국 경제 둔화신호가 뚜렷해지자 글로벌 금융시장은 포럼 기간 내내 요동을 쳤다. 연초부터 가파르게 진행된 위안화 가치 하락이 중국 경제 붕괴전조라는 진단이 나오고 뭉칫돈이 중국시장을 이탈하면서 다보스포럼 참석자들은 중국발 경제위기론 실체를 놓고 열띤 논란을 벌였다. 다보스 포럼 단골참석자이자 헤지펀드 업계 대부인 조지 소로스 회장은 중국발 글로벌 금융시장 대혼란이 지난 2008년 9월 글로벌 금융위기를 연상시킨다고 경고하기도 했다. 과연 중국 경제 위기론은 실체가 있는 것인지 그리고 위안화 변동성이 얼마나 커질지에 대해 살펴본다. 또 중국발 세계금융질서 재편 신호탄인 위안화의 IMF 특별인출권$_{SDR}$ 통화바스켓 편입 등 중국 금융굴기도 심층 분석했다.

PART 5 '시계제로 글로벌 이코노미'는 중국발 경기둔화 불안감 속에 글로벌 경제가 당분간 한치 앞을 내다보기 힘든 시계제로 상황에 빠지고 단기 변동성도 커질 것이라는 경고를 담고 있다. 다보스포럼 현장에서 중국발 경기둔화 불안감, 주요국 통화정책 대분기$_{Great\ Divergence}$, 저유가 쇼크 장기화, 지정학적 갈등 심화, 대규모 난민사태 등 다양한 위기요인이 동시다발적으로 발생해 글로벌 경제를 뒤흔드는 칵테일 위기 발생 가능성을 우려하는 목소리가 컸다. 중국 경제가 휘청거리면서 중국 수출에 목을 매는 많은 신흥국 경제에 비상이 걸렸고 오일머니를 말라붙게 해 페트로파워 국가 경제가 위기로 내몰리는 현상도 분석했다. 경기부양을 위한 전 세계적인 마이너스 금리 확산에 따른 글로벌 경제 영향도 심층적으로 다루고 있다.

PART 6 '디지털 다위니즘'은 4차 산업혁명발 파괴적 혁신이라는 새로운 도전에 직면한 비즈니스 리더들의 고민을 파헤친다. 디지털 시대를 맞은 기업들의 적자생존을 의미하는 디지털 다위니즘도 이야기한다. 7,500만 명의 창업가를 어떻게 양성할지, 아마존, 알리바바와 핀테크 기업 등 전통적 개념의 비즈니스 패러다임을 벗어나는 플랫폼 비즈니스에 대해서도 살펴본다.

PART 7 '리더십과 지정학적 갈등'에서는 다보스포럼 현장에서 특별 강연을 한 쥐스탱 트뤼도 캐나다 총리의 긍정 리더십, 데이비드 캐머런 영국 총리의 브렉시트 논란, 수백 만 명에 달하는 난민유입으로 절체절명의 위기에 처한 유럽의 딜레마에 대해 이야기한다.

이처럼 《2016 다보스리포트 4차 산업혁명》은 기존 산업패러다임을 뿌리째 뒤흔드는 4차 산업혁명의 도전과 기회, 그리고 올해 글로벌 경제를 쥐락펴락할 차이나 쇼크 등 올 한해 이슈가 될 화두를 담은 책이다. 4차 산업혁명에 얼마나 잘 대비하고 활용하느냐에 따라 국가·기업경쟁력 격차는 커질 수밖에 없다. 2016년 글로벌 경제 부침을 좌우할 중국 경제 현주소와 앞으로 전개방향을 한발 앞서 점검하고 검토해야 경쟁자들보다 앞설 수 있다. 이처럼 급변하는 시기에 다보스리포트가 한발 앞서 앞날을 준비하는 지침서와 같은 역할을 할 수 있기를 바란다. 다보스리포트가 나오는데 큰 도움을 준 매일경제 지식부원들에게 감사의 말씀을 올린다.

김정욱·박봉권·노영우·임성현

# CONTENTS

# PART 05 | 시계제로 글로벌 이코노미

# PART 06 | 디지털 다위니즘

# PART 07 | 리더십과 지정학적 갈등

## — PART 01 —

# 4차 산업혁명

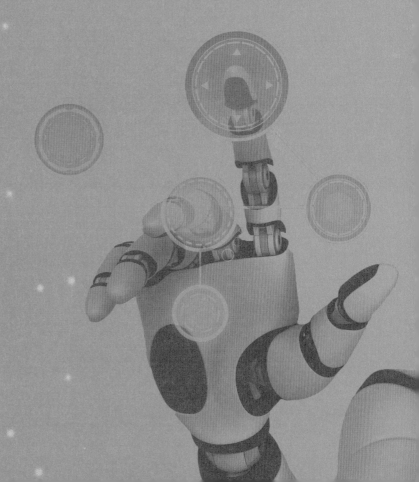

# CHAPTER 1

# 산업혁명의 역사

　세상은 끊임없이 변한다. 인류의 역사가 이를 증명한다. 100년 전 사람들이 누리던 것과 현재 사람들이 누리는 것은 천지차이다. 독일의 철학자 헤겔은 '양질 전환의 법칙'으로 세상의 변화를 설명했다. 양적인 변화가 누적돼 임계치를 넘어서면 질적인 변화가 발생한다. 이때 세상은 종전과 차별화되는 질적 도약을 한다. 내부에 쌓인 에너지가 폭발하는 시점이다. 경제사에서는 이런 시기를 '산업혁명'이라고 불렀다. 산업혁명을 통해 인류의 경제생활은 한 단계씩 도약했다. 경제생활뿐만 아니다. 정치, 사회, 문화 등 인간 생활사의 모든 면이 질적으로 바뀌었다. 혁명을 제대로 이용하고 세상의 변화를 미리 읽은 개인과 국가는 번영했고 그렇지 못한 경우는 몰락했다. 혁명에 버금가는 사회적 변화를 미리 예측하기 위해서는 흐름을 잘 짚어야 했다.

## 산업혁명 역사

### 1차 산업혁명

① 1784년
② 증기기관 혁명과 기계화 생산 설비

### 2차 산업혁명

① 1870년
② 전기를 활용한 대량생산

### 3차 산업혁명

① 1969년
② 컴퓨터 활용한 정보화, 자동화 생산 시스템

### 4차 산업혁명

① 2010년 이후
② 실재와 가상의 통합으로 사물들을 자동·지능적으로 제어 하는 가상물리(Cyber Physical ) 시스템 구축

산업혁명의 진화   ①시기   ② 내용

자료: 세계경제포럼

## 1차 산업혁명: 증기기관과 기계화

1차 산업혁명은 1760년경 영국에서 시작됐다. 증기기관 발명으로 물건을 만들던 방식이 혁신적으로 바뀌었다. 이런 변화는 1820~1840년대까지 지속됐다. 손을 주로 이용했던 생산 방식이 기계를 사용하는 방식으로 바뀌었다. 우리는 혁명이라고 부르지만 1차 산업혁명은 40~50년간 꾸준히 발생했던 여러 가지 기술혁신들을 모아놓은 것이다. 섬유 산업에서는 방적기를 이용해 목화를 실로 바꾸는 기술이 발명됐다. 이 기술 덕분에 노동 생산성은 두세 배나 급증했다. 시간이 지나면서 양털과 린넨을 실로 변환시키는 기술에도 적용됐다. 증기기관 발전도 눈에 띈다. 증기기관 발전으로 과거와 유사한 효율성을 내는데 10~20% 정도의 에너지만 쓰면 됐다. 증기기관은 1800년 이후 빠르게 확산됐다. 주 연료를 목재에서 석탄으로 바꾸면서

효율성이 크게 높아졌다. 석탄을 사용하면서 화덕의 크기도 훨씬 커져 철을 생산하는데 있어서 규모의 경제를 달성하게 됐다.

당시 이런 변화는 영국 섬유 산업에서 집중적으로 발생했다. 1차 산업혁명은 인류 역사에서 중요한 변화였다. 일상생활의 모든 면이 바뀌었다. 개인 소득이 늘었을 뿐만 아니라 인구도 빠른 속도로 증가했다. 영국이 이 같은 변화를 주도했다. 19세기 초 영국에서의 변화가 유럽 각지로 확산됐다. 프랑스에서는 섬유 산업과 관련된 기술이 주로 전파됐고 벨기에서는 철강 제조 산업이 발달했다. 역사가들은 1차 산업혁명을 인류가 가축과 채소를 집에서 기르기 시작한 것에 버금가는 혁신적인 변화라고 평가했다.

## 2차 산업혁명: 전기·통신기술 진보

1870년대부터 시작된 2차 산업혁명은 1차 산업혁명 성과에 기반을 두고 출발했다. 철도 건설과 대규모 철강 생산, 광범위하게 퍼져 있는 제조업 기계들이 발판이 됐다. 여기에 석유를 연료로 사용하는 기술이 광범위하게 퍼졌다. 2차 산업혁명의 가장 큰 특징은 전기와 이를 기반으로 한 통신기술 발달이다. 이 같은 요인들은 산업 발전을 촉진했다. 2차 산업혁명이 속도를 낸 곳은 영국, 독일, 미국, 프랑스 등이다. 일본도 2차 산업혁명 물결에 가세했다. 이후 서유럽과 북아메리카로 퍼져나갔다.

경제사학자 데이비드 란데스는 2차 산업혁명의 기술적 진보를 강조했다. 내부점화 엔진이 본격적으로 개발되면서 동력을 이용하는데 있어 효율성이 크게 개선되고 합금 기술과 화학물질 처리 과정도 발전했다. 아울러 전

화와 라디오 등의 등장을 가능하게 만든 전기와 통신 기술 발전도 2차 산업혁명의 필수적인 요인들이다.

1차 산업혁명이 섬유, 철강, 증기기관 기술에 집중됐던 반면 2차 산업혁명은 철강, 철도, 석유, 화학, 전기 등 광범위한 영역으로 퍼져 나갔다. 바칼라프 스밀은 1867~1914년의 시기를 '시너지의 시대The Age of Synergy'라고 불렀다. 이 기간 중 대규모 혁신 기술들이 개발됐다. 이 시기에는 각종 발명과 혁신이 과학에 기반을 두고 이뤄졌다. 눈에 띄는 것은 철도와 석탄, 철강 간 시너지 효과 창출이다. 철도는 운반비용을 낮추고 교통을 발달시킴으로써 철강과 석탄을 훨씬 쉽게 캐내 운반할 수 있도록 만들었다. 철강과 석탄 양이 늘어남에 따라 더 많은 철도를 건설할 수 있게 됐다. 이 같은 시너지 효과로 미국은 1880년대에 총 7만 5,000마일에 달하는 철도를 건설할 수 있었다. 1차 산업혁명은 자연스럽게 2차 산업혁명으로 스며들었다. 증기기관을 활용한 각종 기계와 제조 기술은 2차 산업혁명기에도 그 범위를 넓혀 활용됐다.

### 3차 산업혁명: 컴퓨터 정보화·자동화

1990년대 중반 들어 정보통신과 신新재생에너지 개발이 활성화되면서 3차 산업혁명이 촉발됐다. 제레미 리프킨은 인터넷 기술과 재생에너지를 3차 산업혁명의 두 가지 중요한 요소로 꼽았다. 리프킨은 다가오는 시대에는 수억 명의 사람들이 자신들의 녹색에너지를 집에서 생산할 수 있을 것으로 내다봤다. 그리고 이 같은 에너지를 인터넷을 통해 정보를 공유하듯 다른 사람들과 공유할 수 있을 것으로 예상했다. 에너지 민주화가 세계 각국의 정치, 경제, 사회, 문화 등을 혁신적으로 바꿀 것으로 기대했다.

실제 2000년까지 유럽연합(EU)은 화석연료 사용을 크게 줄이는 정책을 꾸준히 추진해왔다. 반면 미국의 경우, 이 부분에 상대적으로 큰 관심이 없었다. 하지만 시간이 갈수록 재생에너지와 정보기술 발달이 인류에 미치는 영향이 커질 것으로 예상되면서 많은 사람들이 3차 산업혁명에 관심을 기울이기 시작했다. 특히 2008년 9월 글로벌 금융위기 이후 많은 선진국들이 여기에 동참했다. 3차 산업혁명의 특징은 한 국가의 범위를 벗어난다는 것이다. 한 나라에서 화석연료 사용을 줄이더라도 다른 나라에서 이 부분의 사용을 늘리면 세계 전체적으로는 별로 달라질 것이 없다. 경제적인 외부성이 강하기 때문이다. 3차 산업혁명 바람은 아시아, 아프리카, 아메리카 대륙으로까지 계속 확산되고 있다.

3차 산업혁명을 위한 인프라 구축 작업으로 수십만 개의 새로운 비즈니스와 수억 개의 새로운 직업이 생겨났다. 3차 산업혁명은 전통적인 제조업 중심시대의 종말을 고하는 것은 물론 사회적 네트워크와 협조적 행동, 기술자들에 의한 새로운 시대로의 전환을 예고했다. 인터넷 혁명으로도 알려진 3차 산업혁명으로 우리 경제생활도 크게 달라졌다. 정보와 소통의 민주화로 전 세계 상업과 사회적 관계도 새로운 국면에 접어들었다. 또 재생에너지 개발로 우리가 화석연료 다음 세대를 준비할 수 있다는 믿음을 갖게 했다.

## 4차 산업혁명: AI 등 최첨단 기술의 융합

2차 산업혁명이 1차 산업혁명 연장선에서 전개됐듯 4차 산업혁명은 3차 산업혁명 연장선이다. 특히 정보기술 발달은 4차 산업혁명의 필수적인 요소다. 정보기술 발달로 전 세계적인 소통이 가능해지고 자유로워지면서 4차 산업혁명은 촉발됐다. 4차 산업혁명 핵심 요소는 개별적으로 발달한 각종 기술들의 '융합'이다. 원활한 융합을 가능하게 한 것은 정보통신기술 발달이다. 구체적으로는 디지털, 바이오, 오프라인 기술들이 다양하고 새로운 형태로 융합된다. 이를 통해 새로운 부가가치를 창출해낸다.

4차 산업혁명의 또 다른 특징은 '속도'다. 하나의 새로운 물건이나 기술이 발명되거나 발견되면 이것이 파급되는 속도는 과거와는 비교할 수 없을 정도로 빠르게 진행된다. 페이스북과 블로그, 트위터 등을 통해 세계가 하나로 연결된 상태에서 하나의 신기술이 전파되는 속도는 가늠하기 어렵다. 파급되는 속도가 빠르기 때문에 4차 산업혁명은 다른 부분들을 파괴한다. 새로운 기술과 발명품이 인기를 끌면 종전에 유행했던 유사한 물건은 설자리를 잃는다. 이 같은 생산과 파괴가 4차 산업혁명의 핵심이다.

2010년에 들어서면서 3차 산업혁명은 4차 산업혁명으로 이어진다. 3차와 4차 간에 본질적으로 질적인 차이가 없다는 지적도 있다. 하지만 4차 산업혁명은 3차 산업혁명이 달성한 정보통신 기술을 기반으로 하면서도 훨씬 더 급진적인 변화를 가져올 수 있는 혁명이다. 훗날 학자들이 지금을 3차 산업혁명 시기로 분류할지, 4차 산업혁명 시기로 분류할지는 의문이다. 하지만 분명한 것은 현재 우리가 살고 있는 인류사회가 역사상 어느 때보다 빠른 환경변화를 경험하는 시대에 진입했다는 것이다.

# CHAPTER 2

# 인간의 얼굴을 한 4차 산업혁명

## 다보스가 4차 산업혁명에 주목한 이유는?

전 세계 오피니언 리더들이 모여 올 한 해 동안 인류가 해결해야 할 가장 중요한 화두에 대해 머리를 맞대고 해법을 제시하는 것이 다보스포럼이다. 2016년 다보스포럼 주제는 '제4차 산업혁명의 이해Mastering the 4th Industrial Revolution' 였다. 경제포럼에서 너무 미시적이고 전문적인 주제를 골랐다는 얘기도 나왔다. 하지만 4차 산업혁명은 단순히 기술적인 발전에 그치는 것이 아니다. 4차 산업혁명은 정치, 경제, 사회 등 모든 분야에 메가톤급 파장을 초래할 혁신적인 변화의 신호탄이자 무궁무진한 가능성을 보여주는 기회다. 그만큼 4차 산업혁명의 본질을 꿰뚫고 이에 대비하는 게 국가나 사회 그리고 기업, 개인에게 중요하다.

클라우스 슈밥 다보스포럼 회장은 "4차 산업혁명 핵심은 디지털, 바이오, 오프라인 등의 기술을 융합하는 것"이라고 정의했다. 디지털 혁명, 바이오 혁명 등 첨단산업 분야의 기술발전 속도가 눈부신 시대에 우리는 살

다보스포럼이 열린 콩그레스센터에 전시된 태양열 옷

고 있다. 하루만 지나도 새로운 기술들이 쏟아진다. 4차 산업혁명은 이런 각 분야의 기술혁신을 모두 아우르는 개념이다. 예를 들어 무인차의 경우, 자동차에 인공지능을 집어넣었다. 인공지능 로봇도 마찬가지다. 각 분야의 최고 기술을 접목, 인간이 상상하기 어려운 것들을 만들어낸다. 드론, 사물인터넷, 3D프린팅, 나노테크놀로지, 바이오테크놀로지 등이 모두 4차 산업혁명 영역이다. 4차 산업혁명이 우리생활에 미치는 영향도 종전과 비교할 수 없을 정도로 광범위하다.

슈밥 회장은 2016년 다보스포럼 현장에서 "4차 산업혁명은 속도와 파급 효과 측면에서 종전의 혁명과 비교되지 않을 정도로 빠르고 범위가 넓

다보스포럼이 열린 콩그레스센터에 전시된 3D프린터로 영화 〈미션 임파서블〉에 등장했던 것처럼 인간의 얼굴과 똑같은 모형을 만들어내고 있다.

은 것"이라고 강조했다. 특히 4차 산업혁명으로 각국 산업이 '파괴적 기술 Disruptive Technology'에 의해 대대적인 재편을 맞을 것으로 내다봤다.

## 4차 산업혁명이 바꾸는 세상

4차 산업혁명의 대표적인 기술들은 향후 물건을 만들 때 생산성을 비약적으로 높여주고 운반비용은 대폭 줄여준다. 이에 따라 글로벌 공급 체인도 혁신적으로 바뀌고 새로운 시장도 생겨난다. 이를 통해 평균적으로 사람들의 소득과 삶의 질은 높아진다. 인터넷을 통해 전 세계 소비자가 연결됨에 따라 새로운 물건이 나오는 순간 전 세계로 전파된다. 물건을 만들어내는 사람은 전 세계 시장에 자신의 물건을 팔 수 있게 되면서 규모의 경제 효

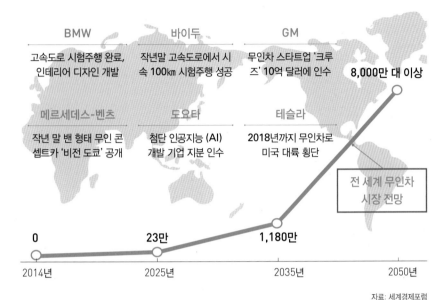

### 자동차·IT 업계 무인차 개발 현황

(단위: 대)

**BMW**
고속도로 시험주행 완료,
인테리어 디자인 개발

**바이두**
작년말 고속도로에서 시
속 100㎞ 시험주행 성공

**GM**
무인차 스타트업 '크루
즈' 10억 달러에 인수

**8,000만 대 이상**

**메르세데스-벤츠**
작년 말 밴 형태 무인 콘
셉트카 '비전 도쿄' 공개

**도요타**
첨단 인공지능 (AI)
개발 기업 지분 인수

**테슬라**
2018년까지 무인차로
미국 대륙 횡단

전 세계 무인차
시장 전망

0          23만          1,180만

2014년      2025년        2035년        2050년

자료: 세계경제포럼

과를 톡톡히 누릴 수 있다. 종전에는 많은 생산자들이 시장에서 경쟁하면서 단가를 낮추고 품질을 높여왔다. 하지만 4차 산업혁명 시대에는 소수의 생산자들이 시장을 독점하게 된다. 경쟁 기업들은 기존의 것보다 더 좋은 물건을 만들면 기존업자를 밀어내고 시장을 독점할 수 있다. 이처럼 독점적 시장이 연속적으로 발생하는 것이 4차 산업혁명시대의 경제적 효과다.

노동과 자본시장도 커다란 변화를 겪는다. 단순 노동과 자본보다 재능과 기술이 대표적인 생산 요소가 된다. 인터넷으로 광범위하게 얽히고설킨 상황에서는 새로운 기술과 반짝이는 아이디어만 있으면 많은 사람으로부터 빠른 시간 안에 사업자금을 모을 수 있다. 그만큼 돈을 가진 사람들의 기술을 보는 안목도 높아진다. 기업의 흥망성쇠 속도가 빨라지면서 부의 손 바꿈도 더 활발하게 일어날 것으로 보인다. 돈이 없어 사업을 못하는 기업은 줄어들고 기술이 없어 도태되는 기업의 수는 점점 늘어나게 된다.

비즈니스 측면에서는 수요와 공급을 연결하는 플랫폼이 핵심 사업으로 등장한다. 수요와 공급의 한 축만 담당하는 기업들은 설자리가 없어진다. 또 고객이 변화의 핵심 진원지로 떠오른다. 슈밥 회장은 "세상은 기술결합에 따른 혁신의 시대로 이전하고 있다. 비즈니스 리더와 최고경영자CEO는 변화 환경을 이해하고 혁신을 지속해야 살아남을 수 있을 것"이라고 진단했다.

## 4차 산업혁명의 그림자

물론 4차 산업혁명의 그림자도 있다. 대표적인 것이 양극화 문제다. 재능과 기술을 가진 사람과 이를 적극적으로 발굴하고 창조하는 기업은 빠른 속도로 성장하지만 그렇지 못한 개인과 기업은 즉각 도태된다. 단순 육체노동과 하이테크 기술자들도 일자리가 양분되면서 어정쩡한 중산층은 설자리를 잃어버린다.

정부 운용 방식이나 조직 변화도 불가피하다. 산업과 개인들의 파괴적이고 혁신적인 변화를 이해하고 효율성과 투명성을 계속 높여가는 정부는 생존이 가능하지만 그렇지 못한 정부는 도태될 수밖에 없다. 국가 간 관계도 변할 수밖에 없다. 사이버 공간이 활성화되면서 전쟁과 평화, 전투와 비전투, 폭력과 비폭력 간 경계가 모호해지고 있다. 또 소수의 개인이 사회 전체적으로 큰 영향을 미칠 수 있다. 이 같은 변화 흐름을 감지하고 대안을 마련해야 하는 것도 정부와 국민들의 몫이다. 아울러 개인들의 인식과 사생활, 소비패턴, 자기계발 방식 등도 4차 산업혁명과 더불어 근본적으로 바뀔 전망이다.

미래기술 발전이 인간의 일자리를 빼앗고 인간이 기계의 노예가 되는 극단적인 시나리오도 나온다. 영화를 보면 인간과 로봇의 싸움을 소재로 한 경우가 종종 나온다. 로봇의 인공지능이 발달해 인간을 능가할 것이라는 전망도 제기되고 있다. 지난 2016년 3월 '알파고AlphaGo'라는 인공지능 바둑기사가 세계 최정상 프로기사 이세돌에 승리를 거둬 전 세계에 충격을 주기도 했다. 인공지능의 발전은 어디까지인가에 대한 사람들의 관심도 높아지고 있다. 이와 관련해 슈밥 회장은 "미래 기술이 아무리 발전해도 인간의 컨트롤을 벗어나서는 안 된다"고 강조했다. 아무리 로봇이 활성화 된다고 해도 인간으로부터 영혼과 가슴을 빼앗아 가는 식으로 기술 발전이 이뤄져서는 안 된다는 지적이다. 즉 '인간이 컨트롤할 수 없는 인공지능이 나타나서는 안 된다'는 것이다. 기술이 아무리 발달하더라도 인간 행복에 기여할 수 있도록 사람이 조정해야 한다는 얘기다. 역설적이지만 인공지능의 무한한 발달에 대한 사람들의 두려움을 표현한 것으로 해석된다. 이처럼 인간의 창조성과 공감 등의 능력을 향상시키도록 4차 산업혁명을 이용해야 한다는 게 다보스포럼 참석자들이 주문한 내용이다.

좋든 싫든 2016년 세계 인류는 4차 산업혁명 트랙 위에 있다. 과거에도 그랬지만 산업혁명은 승자와 패자를 명확히 구분한다. 1차 산업혁명은 영국을 '해가 지지 않는 나라'로 만들었고 2, 3차 산업혁명은 미국을 세계 최강 국가로 변모시켰다. 4차 산업혁명도 승자와 패자를 명확히 구분 지을 것이다. 세계 각국은 4차 산업혁명의 승자가 되기 위한 무한 경쟁에 돌입했다. 슈밥 회장은 "향후 10년간은 지난 50년간보다 더 많은 변화를 겪을 것"이라고 전망했다. 개인, 기업, 국가 모두가 4차 산업혁명에 대비해야 할 시점이다.

# CHAPTER 3

# 4차 산업혁명이 바꿀 미래

"한 필리핀 여성이 있는데 학교를 가려면 배를 타야했다. 학교로 가는 길은 너무 시간이 많이 걸리고 어려웠다. 그래서 그녀는 인터넷을 통한 온라인 교육에 집중했고 이를 통해 직업까지 구했다. 또 인도의 한 여성은 가정폭력 희생자였는데 인터넷을 통해 다른 가정폭력 희생자와 교류한 후 가정폭력에서 해방됐다. 콩고공화국의 니마라는 여성은 여성만의 사이버카페(PC방)를 운영했고 2년 후 이를 이용한 여성들이 지방정부 선거직에 선출되었다."

페이스북 최고운영책임자<sub>COO</sub> 셰릴 샌드버그는 다보스포럼 '미래의 변화<sub>The Transformation of Tomorrow</sub>' 세션에 참석, 4차 산업혁명이 가져올 긍정적인 변화를 강조했다. 샌드버그 COO는 "세계가 연결된다는 것과 데이터가 축적된다는 것은 매우 중요하다. 많은 사람들이 4차 산업혁명 혜택을 보고 있다"고 강조했다. 4차 산업혁명이 초래하는 부작용에 대해서는 크게 걱정하지 않았다. 샌드버그 COO는 "4차 산업혁명이 모든 일자리를 없애지는

셰릴 샌드버그 페이스북 COO

않을 것"이라며 "또 새로운 일자리를 창출하는 효과도 있다"고 낙관적으로 바라봤다.

사티아 나델라 마이크로소프트 최고경영자CEO는 "4차 산업혁명은 전 세계적으로 기술을 연결해 그것의 혜택을 입도록 하는데 있다. 이것이 우리가 만들고자 하는 희망찬 미래"라고 말했다. 나델라 CEO는 "케냐 기업가는 인공지능AI을 활용해 신용평가를 하고 있고 인도의 한 기업은 학생평가를 인공지능을 통해 해주고 있다"며 AI가 성공적으로 이용되고 있는 사례를 들었다.

폴 카가메 르완다 대통령은 "르완다를 포함한 아프리카에게 4차 산업혁

'미래의 변화' 세션 참석자들이 디지털 산업 미래에 대해 토론하고 있다. 왼쪽부터 앤드류 소킨 뉴욕타임즈 칼럼니스트, 폴 카가메 르완다 대통령, 사티아 나델라 마이크로소프트 CEO, 셰릴 샌드버그 페이스북 COO, 아난드 마힌드라 마힌드라그룹 회장, 자카리 북맨 오픈Gov CEO

명은 기술을 소비하는 것이 아니라 끌어안는 것"이라고 정의했다. 카가메 대통령은 "르완다의 경우, 새로운 기술이 점점 더 많은 문제를 해결하는 해답을 제공해주고 있다"며 긍정적으로 평가했다. 카가메 대통령은 또 스타트업 기업의 90%가 실패하는 현실에 대해 "실패는 당연한 것"이라며 "정부 정책과 연결해 실패한 사람들을 보듬어 줄 수 있는 제도를 만드는 것이 더 중요하다"고 강조했다. 카가메 대통령은 "아프리카의 경우, 4차 산업혁명은 물론 3차 산업혁명도 아직 본격적으로 진행되지 않고 있다"며 국가 간 기술격차가 크다는 점을 감안해야 한다고 주문했다.

인도 마힌드라그룹의 아난드 마힌드라 회장은 "기술은 그동안 인간의 생활을 많이 도왔다"며 4차 산업혁명이 실보다 득이 많을 것임을 강조했다. 마힌드라 회장은 "4차 산업혁명으로 많은 사람들이 네트워크를 형성하고 있지만 정작 개인들이 사람들과 직접 교류하는 것은 사라지는 모순된 현상을 개선해야 한다"고 주문했다. 또 피상적인 네트워크는 발달하고

샤티아 나델라 마이크로소프트 CEO

있지만 개인 간 공감능력이 점점 약화되는 것도 문제라고 마힌드라 회장은 지적했다.

샌드버그 COO는 "페이스북은 증오와 폭력은 관용하지 않는다"며 "인터넷상에서 증오가 커져갈 때 이런 목소리를 없앨 수 있는 기능을 개발하는 것은 필수"라고 말했다.

4차 산업혁명이 가져올 다른 영향에 대한 논의도 이어졌다. 카가메 대통령은 "4차 산업혁명 성공은 정부가 기술을 어떻게 지원하고 여성 참여를 어떻게 유도할지가 관건"이라며 "여성이 교육에 뒤처져 있으면 디지털 디바이드Digital Divide가 심해진다"고 지적했다. 그러면서 카가메 대통령은 "여성이 적극적으로 참여하도록 만드는 것을 정책 우선순위로 삼아야 한다"고 덧붙였다. 샌드버그 COO는 "현재 17개 국가 정상이 여성이고 기업의 5%가 여성 CEO를 보유하고 있다"며 "여성이 의사결정 과정에 들어오면 성과가 좋아진다. 우리 사회에서 잘 받아들여지지 않는 여성 리더십을 지원해야 한다"고 요구했다.

나델라 CEO는 4차 산업혁명이 가져올 고용 문제에 대해 언급했다. 나델라 CEO는 "직업 전환은 불가피하다"며 "이는 2, 3차 산업혁명 때도 똑같이 발생했던 문제들"이라고 설명했다. 이어 나델라 CEO는 "문제는 한 사람이 다른 기술로 얼마나 효율적으로 옮겨갈 수 있을까 하는 점"이라며 "국가와 사회는 사람들을 새로운 시대에 걸맞게 교육시켜야 할 책임이 있다"고 강조했다. 생산성이 높아지면서 고용이 줄어드는 게 불가피하지만 그렇게 줄어든 인력들을 하루속히 다른 기술을 배우도록 유도해 전직을 독려하는 것이 국가와 사회의 몫이라는 게 나델라 CEO의 혜안이다.

샌드버그 COO는 "4차 산업혁명은 고도의 기술을 필요로 하는 직업도 만들지만 낮은 기술만으로도 충분한 직업도 새로 만든다"고 말했다. 난민 등 사회적 문제에 대해 샌드버그 COO는 "베를린에 시리아 난민이 만든 가게가 있었다. 그 난민은 여기서 번 돈으로 다른 난민을 돕고 있다"며 "네트워크가 형성되면서 사람들 사이에 형성되는 긍정적인 변화"라고 설명했다.

# CHAPTER 4

# 조 바이든 미국 부통령이 바라본 4차 산업혁명

    조 바이든 미국 부통령도 다보스포럼에 참석, 4차 산업혁명이 가져올 변화와 정책 방향에 대해 통찰력을 제시했다. 바이든 부통령은 "4차 산업혁명으로 중산층이 사라질 수 있다"며 "모든 사람에게 중산층이 될 수 있는 희망과 구체적인 방안을 제시해야 한다"고 주장했다. 또 기술 발달로 직장을 잃은 사람들을 재교육할 수 있도록 정부가 각종 프로그램을 제공해야 한다고 강조했다. 또 조세제도도 보다 누진적으로 만들어 4차 산업혁명이 가져올 '빈익빈 부익부' 현상을 완화시켜야 한다고 주문했다. 다음은 조 바이든 부통령의 다보스 연설문 요약이다.

    📢 조 바이든 4차 산업혁명에 대해 두 가지 질문이 있다. 하나는 이런 혁명이 세계 경제를 변화시킬 것인가. 두 번째는 인류 전체에 좋은 영향을 미칠 것인가 하는 점이다. 첫 번째 질문과 관련한 답은 당연히 '그렇다'이다. 그동안 자동화된 공장과 공유경제는 일자리를 늘려줬다. 다보스포럼에서 만난 최고경영자들은 4차 산업혁명으로

조 바이든 미국 부통령이 4차 산업혁명의 미래에 대해 밝히고 있다.

200만 개의 일자리가 늘어날 것이라고 했다. 또 암 연구자는 컴퓨터와 빅데이터 발달로 암을 예방할 수 있는 백신 개발을 앞두고 있다고 했다.

두 번째 질문에 대한 답도 '그렇다'이다. 다만 변화에 앞선 선제적인 대응이 필요하다. 우리 시대의 위기를 해결해야 한다. 특히 중산층이 줄어드는 것은 큰 위기의 전조다. 중산층은 미국 기준으로 연소득 5만~5만 1,000달러 가량을 버는 사람들이다. 하지만 소득 기준보다 더 중요한 것은 양질의 삶과 좋은 직업을 가질 수 있는 가능성이다. 이를 위해 열심히 사는 것이다. 나의 부친은 좋은 일자리를 찾아 노스 펜실베이니아에서 델라웨어로 이사 왔다. 그는 나에게 "직업은 월급 이상의 것이다. 그것은 너의 존엄성, 스스로의 가치, 공동체에서 너의 위치"라고 이야기하곤 했다.

기업과 근로자는 이익을 공유해야 한다. 그런 기본적인 계약이 지금은 깨졌다. 생

조 바이든 미국 부통령(오른쪽 첫 번째)이 할리우드 배우 레오나르도 디카프리오(왼쪽 첫 번째), 클라우스 슈밥(오른쪽 두 번째) 세계경제포럼 회장과 자리를 함께했다.

산성과 임금 간 갭이 생겼다. 중산층이 흔들리는 것은 민주주의 위기다. 모든 국가와 세대가 마찬가지다. 교육, 법치 등이 없으면 중산층을 만들기 어렵다. 국가와 기업은 모든 사람들이 중산층이 될 수 있도록 기회를 줘야 한다.

나는 미국에서 기업 본사가 많은 델라웨어에서 왔다. 그곳 기업문화에서 많은 변화를 봤다. 지난 40년간 본 것은 생산성과 임금 격차가 커지고 있다는 점이다. 임금은 생산성을 따라가지 못했다. 이는 정치적인 불안을 만들었다. 디지털 혁명은 이런 현상을 더욱 심화시키고 중산층 기반을 와해시킬 수 있다. 무인자동차 매니저에게는 임금을 높여줄 수 있지만 트럭운전사 수십 명의 일자리를 빼앗을 수 있다.

과거 산업혁명과 마찬가지로 우리는 이런 변화를 바꿔 사회에 기여하도록 해야 한다. 4차 산업혁명에서는 이런 것들을 수행하기 더 힘들어진다. 컴퓨터 등 기술혁명이 노동을 대체할 수 있기 때문이다.

물론 긍정적인 변화도 예상된다. 새로운 일자리가 생길 곳은 에너지 쪽이다. 풍력, 태양광 등 높은 임금과 안정성을 갖춘 산업이다. 우리는 이런 변화에 적응하는 것이 필요하다. 기업들은 주주 외에 커뮤니티와 직원들에 대해 더 생각해야 한다. 단기적인 시각으로 보면 안 된다. 전 세계적으로 변화하는 시대 상황에 맞춰 직업 교육에 대한 수요가 있다. 역사상 어느 때보다 더 많은 수요가 있다. 평생교육이 필요하다. 이는 정부 역할뿐 아니라 기업의 기회이기도 하다. 커뮤니티칼리지와 기업이 함께 직업교육을 하는 프로그램이 미국에 있다. 교육과 재교육을 통해 기술 발전을 따라가야 한다.

노동자에 대한 기본적인 보호도 필요하다. 인프라스트럭처 현대화도 요구된다. 세계적 수준의 인프라는 기업들을 유인해 경제의 선순환 구조를 강화한다. 정부는 이같은 인프라 구축 책임이 있다. 다음으로 누진세 강화가 필요하다. 이는 사회주의가 아니다. 국제통화기금IMF과 S&P도 비슷한 주장을 하고 있다. 불평등 확대는 경제성장에 큰 위협이다. 조세 회피처에 돈이 몰려가는 것은 주주들에게 좋을 수 있지만 기업들이 국가의 돈을 훔치는 것과 같은 것이다. 많은 사람들의 자본에 대한 접근도를 더 높여야 한다.

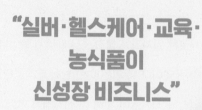

## "실버·헬스케어·교육·농식품이 신성장 비즈니스"

**도미니크 바튼**
맥킨지 회장

글로벌 컨설팅기업 맥킨지의 도미니크 바튼 회장은 글로벌 투자자들이 관심을 가져야 할 신성장 비즈니스로 실버산업을 포함한 헬스케어, 교육, 농식품 산업을 꼽았다. 다보스포럼 주제인 4차 산업혁명처럼 교육 디지타이제이션Digitization, 전산화 등을 통해 교육 사업을 글로벌화할 수 있을 것으로 진단했다. 다음은 바튼 회장과의 인터뷰 내용이다.

Q. 국부 펀드가 7.2조 달러에 달한다. 이들은 어떤 곳에 투자할까.

A. 블랙록, 뱅가드와 같은 초대형 자산운용사들은 신비즈니스에 큰 관심을 가지고 있다. 전 세계적으로 고령화가 진행되면서 헬스케어 서비스 산업이 유망하다. 병원 외에 요양원 등 실버산업 개발 여력이 아직도 많다는 점에서 커다란 성장 비즈니스가 될 것으로 본다. 농산품 시장도 신성장산업이다. 중국, 아프리카, 인도, 인도네시아 중산층들도

이제는 한국이나 캐나다 중산층처럼 양질의 농식품을 소비하고 싶어한다. 농산품 산업은 전 세계적으로 통합되지 않은 채 분열Fragmented된 상태이기 때문에 그만큼 더 사업기회가 풍부하다. 5년 전 자동차 공유업체 우버도 없었고 숙박 공유업체인 에어비앤비도 없었다. 신기술·신산업 투자가 늘어날 것으로 본다. 반면 철강 등 전통적인 제조업에는 투자가 많지 않을 것이다. 자동차 업체들은 무인차뿐만 아니라 더 많은 부가가치를 창출하는 자동차 전장부품에 큰 관심을 쏟고 있다. 교육도 커다란 비즈니스라고 본다. 한국에서 이미 교육사업이 활성화되고 있지만 다보스포럼 주제인 4차 산업혁명처럼 교육 디지타이제이션 등을 통해 교육사업을 글로벌화할 수 있다고 본다. 또 세계가 혁신적인 속도로 변화하고 있기 때문에 직업학교Vocational School도 빅비즈니스가 될 수 있고 엔터테인먼트 사업도 큰 잠재력이 있다. 중국 업체들이 최근 할리우드 영화 스튜디오를 인수하고 있는데 주목할 만한 변화다.

Q. 어떻게 하면 글로벌 경제를 더 성장시킬 수 있을까. G20, G7 등이 글로벌 공조를 통해 인프라 프로젝트를 대대적으로 진행하는 것도 방법일 것 같다.

A. 우리는 성장이 필요하다. 크리스틴 라가르드 IMF 총재는 저속성장을 당연한 듯 받아들이는 상황을 일컬어 '새로운 평범함New Mediocrity'이라고 했다. 하지만 우리는 더 성장할 수 있다. 앞으로 20년간 필요한 인프라

투자액만 73조 달러에 달한다. 아프리카는 물론 미국도 항공, 도로, 항만, 다리 등 대규모 인프라 투자가 필요한 상태다. 7조 달러대 국부펀드도 있지만 장기 프로젝트에 투자하는 장기 펀드들도 많다. 이처럼 천문학적 규모의 인프라 투자 필요성이 있는데 시장이 움직이지 않는다면 기회를 놓치는 것이다. 인프라 투자는 대규모 일자리를 창출하고 생산성을 끌어올려 경제성장을 이끈다. 저스틴 트뤼도 캐나다 총리는 일각의 적자재정을 걱정하는 목소리에도 인프라 투자를 밀어붙이고 있다.

Q. 인프라 투자를 효율적으로 진행하기 위해 필요한 것은?

A. 인프라 투자를 활성화시키려면 규제를 최소화해야 한다. 브라질은 인구구성상 그리고 소득구조상 7~8% 성장을 할 수 있는 커다란 잠재력을 갖고 있는 나라다. 그런데 너무나 많은 규제 때문에 투자를 하기 힘들다. 개별 국가의 잠재성장력을 측정하고 성장률이 잠재성장률에 미치지 못하면 왜 안 되는지를 체크리스트를 만들어 파악할 필요가 있다. 인도나 인도네시아의 경우, 더 많은 인프라 투자 시행이 필요하지만 지지부진하다. 그런데 체크리스트를 통해 어디에서 일이 정체되고 있는지 파악할 수 있게 되면 사업추진이 원활하게 된다.

Q. 이란 경제제재가 해제됐다. 글로벌 기업들에게 새로운 투자기회가 열린 셈이다.

A. 많은 기업들이 관심을 가지고 이란을 지켜보고 있다. 인구도 많고 큰 시장이기 때문이다. 그런데 아직 제재가 모두 해제된 것은 아니라서 미국 기업들의 경우, 자유롭게 이란에 진출하기 힘든 상황이다. 시간은 걸리겠지만 이란이 글로벌 시스템으로 복귀할 것이기 때문에 투자 기회가 많이 생길 것으로 보인다. 이란이 곧바로 석유수출을 확대할 예정이어서 원유값에도 영향을 미칠 수밖에 없다.

Q. 시장 변동성이 커지면서 글로벌 머니가 신흥국에서 선진국으로 이동하고 있다. 신흥국 외환부족 사태가 우려된다.

A. 규제 사각지대에 있는 그림자 금융이 커진 점이 부담스럽지만 전통적인 금융 시스템은 레버리지 축소와 자본재확충, 필요한 규제강화로 더 강해졌다. 외환 미스매치가 발생했던 지난 1997년 IMF 외환위기 때와는 달리 신흥국들은 자본흐름을 더 정교하게 관리하고 있다. 다만 도전적인 과제는 투자부족이다. 신흥국 내 투자확대가 필요한데 돈이 외부로 빠져나가는 점이 우려되는 점이다.

Q. 새해 벽두부터 전 세계적으로 중국 경제 경착륙 불안감이 팽배하다. 중국 경제가 더 심각한 어려움을 겪을 것으로 보는가.

A. 중국 경제가 심각한 문제Deep Trouble에 빠져있다고 보지 않는다. 현재 중국 경제는 구조적인 전환기에 있다. 11조 달러 국내총생산GDP 덩치를 지닌 국가가 수출, 제조업, 투자 중심에서 내수, 서비스로 이동하는 것

은 지극히 어려운 변화다. 여기에다 시진핑 주석의 반反부패 드라이브가 경제 시스템에 압박을 가하고 있다. 환경오염 문제를 완화시키기 위해 여러 가지 조치를 취하고 있는 등 중국에서 현재 많은 변화가 일어나면서 변동성이 커지고 있는 점은 다소 걱정스럽다. 특히 국영기업SOE의 과도한 부채 구조조정 과정에서 대규모 해고사태가 빚어질 수 있다는 점은 중국 경제에 도전이다. SOE 정상화 차원에서 고통스럽지만 인력 구조조정이 불가피한 상황이어서 고용시장에 큰 충격을 줄 수 있다. 근로자들의 반발도 커질 것이다. 그렇더라도 전체적으로 중국 경제를 낙관적으로 보는 것은 유능한 테크노크래트Technocrat, 기술관료가 건재하기 때문이다. 이들 관료들은 필요하다고 판단되면 신속하게 움직일 수 있다. 위기 때 완충 작용을 할 수 있는 풍부한 외환보유고 등 여러 가지 대응수단도 갖추고 있다. 기본적으로 중국 경제가 6%대 성장을 유지할 것으로 본다.

Q. 그렇지만 중국 주식시장이 널뛰기를 하는 등 변동성이 큰 폭으로 확대되면서 글로벌 금융시장도 요동을 치고 있다.

A. 시장이 변동성이 급격히 커진 중국 금융시장에 너무 초점을 맞추고 있는 것 같다. 현재 중국 증시는 10년 전 카지노화 됐던 한국과 엇비슷한 모습이다. 기업 가치를 토대로 장기투자하는 기관투자가들의 모습은 보이지 않고 개인투자자들이 로또를 사듯 단기투자에 나설 뿐 장기투자금은 찾아보기 힘들다. 또 중국 주식시장은 지난 1년 6개월간

너무 과도하게 올랐다. 연초 주가 조정은 어떻게 보면 정상적인 수준으로 주가가 수렴하는 것으로 볼 수 있다. 만약 미국 주식시장이 최근 중국 주식처럼 폭락하고 변동성이 커진다면 투자자들이 일제히 안전한 방어막을 찾아 나서야겠지만 중국의 경우는 다르다. 중국 자산의 1.5% 정도만 주식에 투자된 상태다. 변동성이 커지는 게 좋은 것은 아니지만 금융시장 흐름이 과장돼서 표출되고 있다고 본다. 과도한 변동성이 걱정스럽기는 하지만 펀더멘털로 보면 중국 경제가 신문이나 TV에서 보는 것처럼 그렇게 우려스러운 상황은 아니다.


Q. 중국 시진핑 주석이 반부패 사정 드라이브를 강하게 걸고 있다. 부패척결은 필요하지만 중소 식당 등 서비스업에 부정적인 영향을 미치고 있다. 어떻게 균형을 맞출 수 있을까.

A. 부패척결은 올바른 방향이다. 많은 고위급 간부들을 부패혐의로 단죄하는 등 상당히 용기 있는 행동을 하고 있다. 하지만 이 과정에서 어쩔 수 없이 고급양주, 시계점 등이 매출감소로 어려움을 겪는 상황이 연출되고 있다. 하지만 대다수 중국인들의 여론은 반부패 사정활동을 지지하는 쪽이다. 때문에 반부패 사정활동을 일종의 포퓰리즘<sub>Populism, 인기 영합주의</sub>으로도 볼 수 있다.


Q. 가장 구조조정이 필요한 곳은 바로 중국 국영기업들인데.

A. 생각했던 것만큼 중국 국영기업에서 많은 변화가 나타나지 않고 있

다. 변화를 꾀하고 싶어도 잘 안 되는 상황이다. 특히 변화를 시도하는 데 겁을 내는 경우도 많다. 변화를 반대하는 누군가가 투서를 넣거나 모함을 할 수도 있기 때문이다. 국영기업 CEO들이 받는 보수를 감안하면 이 같은 위험을 감수하면서까지 변화에 나설 유인이 크지 않다. 기업부채가 과도해 합병 등 구조조정이 필요하지만 가시적인 성과는 제대로 나타나지 않고 있다. 당장은 국영기업 구조조정이 얼어붙은 것처럼 보인다.

Q. 국제유가가 날개 없는 추락을 거듭하고 있다. 2013년 이래 최저치인 배럴당 20달러 선까지 떨어졌는데 중국 경제에 플러스인가 마이너스인가.

A. 당연히 중국 경제에 플러스가 될 것으로 본다. 지난 1년간 배럴당 국제유가가 70달러 가량 떨어졌다. 중국은 일평균 125만 배럴의 원유를 수입하는 나라다. 계산해보면 국제유가 하락으로 이전에 비해 연간 3,200억 달러를 절감할 수 있다. 석탄, 농산물 등 다른 원자재 가격 하락까지 감안하면 1년간 절약하는 돈이 4,600억 달러에 달한다. 이는 중국 경제에 커다란 혜택이다.

Q. 중국 기업들의 해외기업 인수가 잇따르고 있다. 하이얼이 GE 가전부문을 인수했는데 하이얼과 GE 모두에게 윈윈이 될까.

A. 윈윈이라고 본다. 제프리 이멜트 GE 회장은 금융사업에서 벗어나 더

지털 기술에 초점을 맞춘 거대한 변화를 꾀하고 있다. 가전제조업은 핵심역량에서 벗어난 분야다. 하이얼은 매우 혁명적이고 유연한 조직 모델을 갖춘 탁월한 중국 기업이다. 소통 극대화를 위해 조직구조가 아주 수평적이다. 8만여 명의 직원들이 2,000여 개의 작은 수평적인 조직을 구축, 경쟁력을 키웠다. 중국 내에서의 성공을 토대로 이제 글로벌 시장에 진출하려고 하는데 필요한 브랜드 확보 차원에서 GE가전을 사들인 것으로 보인다. 레노버가 IBM 사업부분을 인수한 뒤 이를 잘 활용해 글로벌화에 성공한 것과 일맥상통한다. 앞으로 더 많은 중국 기업들이 해외 기업을 인수해 글로벌화를 가속화할 것이다.

## 2016 다보스 스타 인공지능 로봇 '휴보'

2016년 다보스포럼에서 가장 사진이 많이 찍힌 참가자는? 답은 '휴보 HUBO'다. 휴보는 카이스트KAIST 오준호 교수팀이 개발한 대한민국 최초의 휴머노이드. 휴보는 4차 산업혁명을 주제로 2016년 1월 20~23일 개최된 다보스포럼 기간 중 포럼 참가자들이 가장 많이 모이는 콩그레스센터 메인홀 바로 앞에 설치돼 인기를 독차지했다. 포럼 마지막 날인 23일에는 세션을 마친 크리스틴 라가르드 국제통화기금 총재가 신문을 들고 있는 휴보와 함께 사진을 찍기도 했다. 라가르드 총재는 "이 로봇이 신문을 읽을 수 있나, 생각을 할 수 있나" 등 여러 가지 질문을 오 교수에게 던지기도 했다.

포럼 사무국은 휴보를 공식 참가자로 인정하고 출입증 배지까지 만들어 줬다. 다보스 포럼에 참석한 최초의 로봇 참가자였다. 참석자들은 성별에 따라 '다보스 맨' 또는 '다보스 우먼'이라고 부르는 관례가 있는데 블룸버그통신은 다보스포럼이 이젠 '다보스 로봇'을 맞을 준비를 해야 한다고 전하기도 했다. 포럼 출입증에는 참가자의 국적과 소속 기관 등이 표시된다. 휴보의 국적은 세계 시민World Citizen으로 분류됐다.

휴보는 행사기간 중 주변 환경을 정확히 인지하고 시각적 능력을 동반해야만 가능한 인공지능 기술을 활용, 장애물을 제거하고 자유자재로 움직이

한국의 휴머노이드 '휴보' 전시관을 찾은 크리스틴 라가르드 IMF 총재가 오준호 카이스트 교수의 설명을 듣고 있다.

는 모습을 관람객들에게 시연했다. 휴보는 지난 2015년 6월 미국 캘리포니아에서 열린 '다르파 로봇틱스 챌린지스' 대회에 출전, 전 세계 경쟁자 23개 팀을 제치고 우승해 상금 200만 달러를 받았었다. 다보스포럼에는 오 교수와 함께 실무 연구진 5명이 참가했고, 휴보 운반비용을 포함해 이들의 항공료 및 체재비 전액을 다보스포럼 측으로부터 지원받았다.

휴보의 영향력은 단순하게 인공지능 시연에만 그친 게 아니다. 올해 다보스포럼 주제는 제4차 산업혁명. 디지털과 인공지능 등이 결합된 새로운 차원의 산업혁명을 심층적으로 다뤘다. 포럼 참석자들은 인공지능을 갖춘 로봇이 어느 수준에서 어느 분야까지 확산될 것인지, 확산되면 로봇에게 인간의 일자리를 모두 내줘야 하는지, 그러면 인간의 기능과 역할은 무엇인지 등 다양한 화두를 던졌다. 첨단기술과 휴머니즘을 함께 생각해 볼 계기를 제공한 것이다.

2016 DAVOS REPORT

—— · PART 02 · ——

# 4차 산업혁명 보고서

# CHAPTER 1

# UBS 4차 산업혁명 백서

## 4차 산업혁명발 생존경쟁

글로벌 은행 UBS가 다보스포럼 기간 중 '4차 산업혁명이 미치는 영향'을 분석한 백서를 발표했다. UBS는 백서를 통해 이전 산업혁명은 자동화와 서로 간의 연결성을 높이는 과정이었다고 설명했다. 1차 산업혁명은 기계화를 통해 자동화율을 높였고 국가 간에 도로와 철도 등을 건설하는 것을 촉진, 국가 간 연결성을 높였다. 2차 산업혁명은 자동화된 대량생산 체제를 구축하며 진행됐다. 생산 공정은 보다 효율적으로 바뀌었고 노동의 분화를 통해 생산과정 간 연결성은 훨씬 높아졌다. 3차 산업혁명은 디지털 세대 등장과 함께 빠른 속도로 진행됐다. 자동화 체계는 보다 정교해졌고 사람 간 관계도 훨씬 가까워졌다. 환경 친화적인 기술개발로 사람과 자연 간 관계도 한층 진전됐다. 이런 기반 위에서 진행되는 4차 산업혁명은 극단적인 자동화를 지향하고 있다. 4차 산업혁명 핵심이 인공지능이라는 점을 감안하면 이 같은 변화는 예상 가능한 것이라고 UBS 백서는 설명했다.

그렇다면 4차 산업혁명이 가져올 경제적 변화는 무엇일까? 단순 노동에 기반을 둔 비숙련화된 직업들은 빠른 속도로 기계로 대체된다. 이 과정에서 중간 기술 직업까지 일자리를 위협 받는다. 4차 산업혁명에 따른 노동환경 변화는 노동시장 유연성을 현재보다 대거 높일 것을 요구한다.

4차 산업혁명은 특히 사이버 공간의 안정성과 지정학적 위험을 증가시킨다. 전 세계 많은 나라와 개인들이 인터넷 공간에서 서로 밀접하게 연결돼 있기 때문에 사이버 테러 등에 의한 피해가 심대하게 확대될 수 있다. 지정학적 위험에 따른 불안감도 증폭된다. 소수의 사람들이 대다수를 상대로 다양한 형태의 폭력을 행사할 수 있기 때문이다. 하지만 이러한 잠재 위협이 오히려 지역 국가 간 연대와 분쟁 국가들의 화해를 촉발시킬 수 있는 촉매제로 작용할 수도 있다. 동전의 양면처럼 장단점이 공존하는 것이다.

유연성은 4차 산업혁명 성패를 가를 수 있는 중요한 요인이다. 노동시장, 교육 시스템, 사회간접자본, 법률 제도 등의 분야에서 높은 유연성을 갖춘 국가는 4차 산업혁명의 과실을 향유할 수 있다. 하지만 유연성이 미약한 국가는 4차 산업혁명의 과실 대신 피해를 입을 가능성이 높다. 현시점에서만 보면 다양한 분야에서 높은 유연성을 갖춘 선진국들이 4차 산업혁명의 승자가 될 확률이 높다. 개발도상국들은 그동안 누려왔던 노동집약적 산업에서 비교우위를 상실할 가능성이 높아 4차 산업혁명의 피해자가 될 수 있다. 아직까지 신흥국들의 기술 수준이 높지 않기 때문에 4차 산업혁명에 따른 혜택을 충분히 누리기 어렵다는 얘기다. 결론적으로 현재 상태가 유지된다면 4차 산업혁명은 선진국들에게 이익을 몰아 줄 개연성이 높은 것으로

UBS 백서는 전망했다. 1~3차 산업혁명 여파로 국가 간 빈부격차가 확대된 전철을 4차 산업혁명도 그대로 밟을 가능성이 크다는 분석이다.

4차 산업혁명으로 선진국에서는 새로운 산업들이 번창하는 한편 이들 산업은 개발도상국 산업을 크게 잠식할 가능성이 높다. 빅데이터로 무장한 산업들은 생산비용을 낮춰 세계시장을 공략하는 반면 인건비를 유일한 경쟁력으로 갖고 있었던 개도국들은 자동화로 인해 산업이 잠식당하는 위기에 처할 것이다. 아울러 4차 산업혁명에서 기술의 중요성이 커짐에 따라 지적재산권에 대한 보호조치도 훨씬 강화될 것으로 UBS 백서는 전망했다. 교과서, 음반, 제약 등의 분야에서 지적재산권을 보호하려는 움직임이 강화되면 개발도상국들은 선진국을 따라잡기가 훨씬 더 어려워진다.

## 4차 산업혁명 승자의 조건

UBS는 이 같은 4차 산업혁명 특성과 각 국가의 현재 상태에 대한 연구를 토대로 4차 산업혁명에 가장 잘 적응할 수 있는 국가 순위를 다보스포럼 현장에서 발표했다. 이 순위는 노동시장 유연성, 기술수준, 교육 시스템, 사회간접자본, 법적·제도적 문제 5개 요소를 가중 평균해 도출했다.

조사결과 스위스, 싱가포르, 네덜란드, 핀란드, 미국 등이 4차 산업혁명의 수혜를 가장 크게 받을 국가로 지목됐다. 다음으로 영국, 홍콩, 노르웨이, 덴마크, 뉴질랜드, 스웨덴, 일본, 독일 등이 뒤를 이었다. 한국은 25위를 기록해 중간 순위에 올랐다. 중국(28위), 러시아(31위), 인도(41위), 멕시코(42위) 등보다 높은 순위다.

**4차 산업혁명 국가별 적응력 순위**

| 순위 | 국가 | 노동시장<br>유연성 | 기술수준 | 교육<br>적응력 | 인프라<br>스트럭처 | 법적<br>안정성 | 종합 |
|---|---|---|---|---|---|---|---|
| 1 | 스위스 | 1 | 4 | 1 | 4.5 | 6.75 | 3.4 |
| 2 | 싱가포르 | 2 | 1 | 9 | 3.5 | 9 | 4.9 |
| 3 | 네덜란드 | 17 | 3 | 8 | 6.5 | 12.5 | 9.4 |
| 4 | 미국 | 4 | 6 | 4 | 12 | 23 | 10.2 |
| 5 | 일본 | 21 | 21 | 5 | 12 | 18 | 15.4 |
| 25 | 한국 | 83 | 23 | 19 | 20 | 62.25 | 41.5 |
| 28 | 중국 | 37 | 68 | 31 | 56.5 | 64.25 | 51.4 |
| 31 | 러시아 | 50 | 38 | 68 | 47.5 | 114 | 63.5 |
| 41 | 인도 | 103 | 90 | 42 | 100.5 | 81.5 | 83.4 |
| 43 | 브라질 | 122 | 93 | 84 | 64 | 97.75 | 92.2 |

자료: UBS, 각 분야별 가중평균 랭킹 기준

　4차 산업혁명 시대 경쟁력을 결정하는 5개 요소 부분별 순위를 보면 각국이 앞으로 어떤 분야에 노력을 경주해야 하는지 잘 보여준다. 노동시장 유연성은 스위스가 가장 높았고 싱가포르가 뒤를 이었다. 다음으로 홍콩, 미국, 영국 등의 순이었다. 한국은 노동시장 유연성이 83위에 머물러 바닥권이었다. 이 같은 순위는 중국(37위), 칠레(63위)는 물론 필리핀(82위), 페루(64위), 말레이시아(19위) 보다도 낮은 것이다. 4차 산업혁명 시대에 승자로 우뚝 서려면 한국이 노동시장 유연성을 강화하기 위한 노동개혁을 서둘러야 한다는 얘기다.

　기술 수준에 있어서는 싱가포르가 가장 높았고 핀란드, 네덜란드, 스위스, 벨기에 등 유럽 국가들이 상위권을 휩쓸었다. 4차 산업혁명 시대 경쟁력을 결정하는 주요한 요인은 기술력이다. 기술 수준이 높은 국가들이 4차 산업혁명시대에 상대적으로 큰 수혜를 볼 수 있다. 한국은 이 부분에서 23위에 올랐다. 노동시장 유연성에 비해 상대적으로 높은 순위에 오른 셈이다. 교육 시스템 분야에서는 스위스가 1위를 차지했고 핀란드, 이스라엘, 미국, 일본 등의 순이었다. 한국은 19위에 올라 조사대상 5개 분야 중 가장 순위가 높았다. 한국의 교육열을 세계가 인정한 셈이다.

사회간접자본 분야에서는 싱가포르, 스위스, 홍콩, 영국, 네덜란드 등이 강세를 보였다. 한국은 20위를 기록했다. 법적·제도적 문제와 관련해서는 핀란드, 뉴질랜드, 스위스, 싱가포르 등이 상위권에 올랐다. 한국은 이 부분에서 60위권에 그쳤다.

4차 산업혁명 시대에 대한 준비가 잘 된 정도를 살펴봤을 때 전반적으로 유럽 국가들의 순위가 높았다. 아시아권에서는 싱가포르, 홍콩, 일본이 상위권에 올랐다. 다만 국가별 순위는 현재 상태를 단편적으로 보여주는 '스냅사진' 같은 것이라고 UBS 백서는 강조했다. 각국의 노력 여하에 따라 미래에 순위가 얼마든지 바뀔 수 있다는 얘기다.

UBS 백서는 "백서가 집계한 4차 산업혁명 경쟁력 순위는 미래 전망까지 고려한 게 아니다"며 "앞으로의 노력 여하에 따라 얼마든지 경쟁력을 키울수 있다"고 강조했다. 물론 현재 뒤처진 경쟁력을 확 끌어올려 순위를 뒤집는 게 쉬운 일은 아니다. 기술력 격차나 노동시장 유연성을 여반장 하듯 하루 새 대폭 개선하는 건 어렵기 때문이다. 4차 산업혁명 소용돌이를 개발도상국들이 어떻게 헤쳐나갈지 주목된다는 게 다보스포럼 참석자들의 진단이었다.

# CHAPTER 2

# 다보스포럼 미래고용보고서

### 4차 산업혁명으로 710만 개 일자리 사라진다

일자리를 잃는 것을 의미하는 실업은 누구라도 생각하기 싫은 고통이다. 자본주의 사회에서 일자리를 잃는다는 것은 사회적 생명이 마감되는 것이나 마찬가지다. 직업은 생계를 위한 수단이자 사회 전체적인 분업구도에서 내가 할 수 있는 의미 있는 일을 찾는 과정이다. 직업을 잃어버리면 돈을 벌지 못할 뿐만 아니라 사회 전체적인 분업구도에서 존재의 의미도 사라진다. 때문에 정치·사회·경제적으로 실업은 어느 사회에서나 큰 문제를 일으킨다. 때문에 한 나라의 경제정책 목표 중 가장 중요한 것은 실업을 최소화하는 것이다.

이처럼 중요한 의미를 갖는 일자리는 사회가 변화함에 따라 사회적인 필요에 의해 새로 생겨나기도 하고 사라지기도 한다. 100년 전 성행했던 직업 중 수레에 사람을 태우고 다녔던 '인력거꾼'은 사라졌다. 역사박물관에서 찾아볼 수 있을 뿐이다. 그럼 과거에 인력거를 몰았던 사람은 어떻게 해야

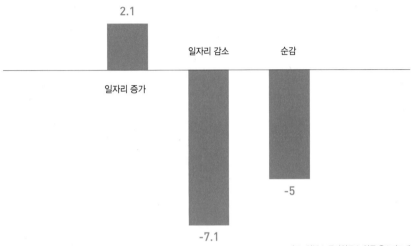

**4차 산업혁명발 향후 5년간 세계 고용시장 변화**  (단위: 백만 개)

2.1

일자리 감소    순감

일자리 증가

-5

-7.1

자료: 일본 노무라연구소·영국 옥스퍼드대

할까. 승용차가 인력거를 대체하는 상황에서 그는 승용차 운전자로 변화를 꾀하거나 다른 기술을 배워 전직을 해야 한다. 인력거가 사라지는데 인력거를 모는 기술만 갖고 있으면 도태될 수밖에 없다.

세계경제포럼WEF, World Economic Forum이 다보스포럼 현장에서 내놓은 '미래고용보고서'는 4차 산업혁명 시대를 맞아 앞으로 어떤 직업이 생겨나고 사라질 것인가를 예측했다. 내용이 매우 충격적이어서 이번 다보스포럼에서 커다란 주목을 받았다. WEF는 이번 보고서에서 미래 기술 혁신, 인구·사회·경제적 변화로 앞으로 5년간 전 세계에서 710만 개의 일자리가 사라질 것으로 전망했다. 반면 210만 개의 일자리가 새로 생겨 이 기간 중 전체적으로 500만여 개의 일자리가 순수하게 감소할 것으로 예상했다. 그만큼 4차 산업혁명으로 향후 5년간 경제·사회·기술 분야에서 혁명적인 변화가 불어 닥칠 것임을 예고한 것이다. 이번 보고서는 15개 국가, 9개 산업섹터에서 사업을 영위하는 경영진을 대상으로 한 설문을 기초로 작성됐다. 설문에 참여한 기업들이 고용하고 있는 인력은 1,300만 명에 달한다.

## 단순 사무직 큰 타격

WEF는 4차 산업혁명으로 앞으로 일자리 타격이 가장 클 것으로 전망되는 산업군으로 사무행정직군(470만 개), 제조업생산(160만 개), 건설채광업(50만 개) 등을 꼽았다. 인공지능으로 무장한 기계가 이들 직업군을 대체할 것이라는 분석이다. 빅데이터 시대에는 고성능 컴퓨터 한 대가 처리할 수 있는 정보 양이 수백 명의 인력이 처리했던 정보 양을 능가한다. 고성능 컴퓨터 한 대와 이를 다룰 수 있는 인력 한 명만 있으면 수백 명의 사무인력을 대체할 수 있는 것이다. 제조업 생산 분야도 상황은 비슷하다. 제조공정 자동화가 급속하게 진행되면서 기계가 사람을 대체하는 속도가 점점 빨라지고 있다. 과거 수많은 인부들이 동원됐던 건설 현장에서도 기계 사용량이 늘어나면서 인부들의 숫자가 줄어들고 있다.

반면 재무관리(50만 개), 매니지먼트(41만 개), 컴퓨터·수학(40만 개) 등의 직종에서는 일자리가 새롭게 창출될 것으로 내다봤다. 전반적으로 단순 노동을 요구하는 일자리들이 없어지고 하이테크가 요구되는 일자리는 더 많이 만들어진다는 진단이다.

향후 5년간 500만 개의 일자리가 없어진다는 것은 매우 충격적이다. 4차

**직종별 미래 일자리 증감**

(단위: 천 개)

| 감소 직업군 | |
|---|---|
| 사무 행정 | 4,759 |
| 제조업생산 | 1,609 |
| 건설, 채광 | 497 |
| 예술 디자인 | 151 |
| 법률 | 109 |

| 증가 직업군 | |
|---|---|
| 재무관리 | 492 |
| 매니지먼트 | 416 |
| 컴퓨터·수학 | 405 |
| 건설 공학 | 339 |
| 판매관련직 | 303 |

자료: 세계경제포럼

산업혁명 진행으로 일자리가 추가로 창출되기보다는 500만 명의 실업자가 더 생겨난다는 논리이기 때문이다. 새로 발생하는 실업은 단기·마찰적 실업이 아닌 구조적·항구적 실업이다. 일자리 자체가 없어져서 발생하는 문제이기 때문에 시간이 지나거나 경기가 살아난다고 해서 새로 고용이 확대될 가능성이 없다. 4차 산업혁명 시대를 맞아 각국 정부는 사라지는 일자리 때문에 급증하는 실업문제를 완화하는 것이 발등의 불이 될 것으로 보인다. 클라우스 슈밥 WEF 회장은 "고용시장의 급격한 변화에 대응하지 않는 한 정부는 항구적인 실업증가와 불평등, 소비감소에 따른 불황을 경험하게 될 것"이라고 걱정했다. 국가와 기업들이 발 빠르게 4차 산업혁명 시대에 걸맞은 고용시스템을 구축하지 못하면 만성적인 고용불안 때문에 경제 활력이 사라질 것이라는 경고다.

## 고용시장 양극화 심화

WEF 미래고용보고서는 4차 산업혁명으로 앞으로 5년간 일자리 500만 개가 순감하는 것 외에 고용시장 양극화도 심화될 것으로 내다봤다. 우선 남녀 간 성별 격차 확대다. 보고서는 여성의 경우, 향후 5년간 새로운 일자리 1개가 창출될 때마다 기존 일자리 5개가 사라지는 반면 남성 일자리는 새로운 일자리 1개당 3개의 일자리가 없어질 것으로 분석했다. 여성이 담당하는 일자리 삭감 속도가 남성이 주로 담당하는 일자리 감소보다 훨씬 빠를 것이라는 분석이다. 여성들이 단순노동에 의존하는 일자리를 갖는 경우가 많기 때문에 발생하는 현상이다. 현재 남성 고용이 여성 고용을 압도하고 있는 만큼 고용과 관련된 성별 격차가 더 확대될 수밖에 없는 흐름이 이어지는 셈이다. 특히 여성의 경우, 미래 유망직종인 컴퓨터나 수학 등의 분야 일자리 참여율이 저조한 만큼 정부는 이들 분야에서 여성의 참여를 늘리는 노력을 경주해야 한다고 보고서는 주문했다.

기술격차에 따른 근로자 간 양극화도 확대될 것으로 보인다. 인공지능, 바이오 등 하이테크놀로지로 대표되는 4차 산업혁명이 본격화되면 전문 기술직 수요는 늘어나는 반면 단순직 고용불안정성은 더 커진다. 중복되는 작업과 중간 단계에 있는 많은 일자리가 불필요해지고 자동화로 단순노동 수요도 급감, 근로자 간 양극화가 더 커질 수밖에 없다는 분석이다. 보고서는 "이번에 제시하는 수치는 상당히 보수적인 관점에서 추정한 것"이라고 밝혀 미래 고용시장 충격이 한층 확대될 수 있음을 시사했다.

## 4차 산업혁명발 고용불안 타개책

보고서는 4차 산업혁명발 고용시장 불안을 타개할 수 있는 각종 대책도 제시했다. 보고서는 "기업 경영진과 정부 정책담당자들은 앞으로 근로자들에게 어떤 기술을 교육할지 고민해야 한다"며 "이를 통해 4차 산업혁명이 초래하는 고용시장 충격을 줄일 수 있을 것"이라고 강조했다. 또 정부와 기업이 기존 근로자들을 대상으로 새롭게 나타나는 기술에 적응할 수 있도록 재교육을 시켜야만 미래 고용시장 안정을 가져올 것으로 내다봤다. 직업 간 이동성을 높이고 직업 순환이 가능토록 하는 한편 여성과 외국인 근로자 고용을 늘리고 도제식 직업교육을 확산시키는 것도 대안으로 제시됐다. 반면 단기고용을 늘리거나 임시직을 늘리는 것은 장기적인 고용안정 차원에서 바람직하지 않다고 지적했다.

국가 간 공조 필요성도 제기됐다. 사디아 자하디 WEF 수석연구원은 "4차 산업혁명이 가져올 고용시장 변화에 대해 글로벌 공조를 통해 해법을 모색하는 것이 필요하다"고 밝혔다. 일자리가 사라지는 것과 더불어 노동의 본질도 바뀔 것으로 예상됐다. 4차 산업혁명이 본격화되면서 새로운 기술이 확산되면 근로자들이 언제 어디서든 일할 수 있는 근로환경으로 바뀐다. 이렇게 되면 직장과 집의 구분이 무의미해진다. 집이든 휴양지든 간에 컴퓨터만 있으면 많은 일들을 처리할 수 있게 된다. 다만 이처럼 직장과 집을 오가면서 업무를 보려면 전문 기술로 무장해야 한다. 때문에 전문기술을 보유한 사람이 할 수 있는 일은 늘어나는 반면 단순노동을 하는 사람은 설자리를 잃는다. 인터넷과 클라우드 기술 발달은 이 같은 변화를 촉진한다.

# CHAPTER 3

# PwC 글로벌 CEO 설문조사

## CEO들의 암울한 글로벌 경기전망

다보스포럼이 열리는 시점을 전후해 전 세계적으로 충격적인 사건들이 잇따라 발생했다. 2015년 11월말 이슬람 극단주의 무장단체 이슬람국가$_{IS}$의 파리 테러로 130여 명의 시민들이 사망했다. 파리 테러는 2016년에도 지정학적 위험과 갈등이 심화될 것이라는 불안감을 증폭시켰다. 다보스포럼 기간 중에는 중국 경제성장률이 발표됐다. 중국 경제는 지난해 6.9% 성장에 머물렀다. 25년 만에 7%대 성장률이 깨진 것이다. 연초부터 중국 주식시장이 폭락하면서 투자자들의 불안감을 키웠다. 다보스포럼 현장에서 발표된 프라이스워터하우스쿠퍼스$_{PwC}$의 '2016년 글로벌 최고경영자$_{CEO}$ 설문조사 결과'는 다양한 글로벌 악재에 대한 불안감을 그대로 드러냈다.

CEO 설문조사 결과에 따르면 설문대상 CEO의 27%만이 올해 세계 경제 성장세가 지난해에 비해 더 좋아질 것이라고 답했다. 지난 2015년 조사(37%) 때보다 10%포인트나 줄어든 수치다. 반면 올해 세계 경제 성장세가

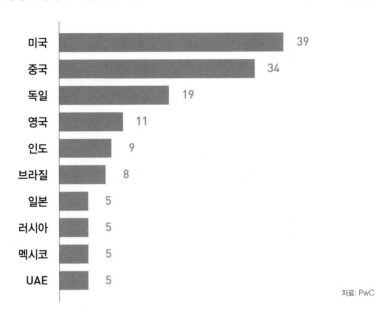

**2016년 성장 가능성이 가장 높은 시장**　　　　　　　　　　　　　　(단위: %)

| 국가 | % |
|------|-----|
| 미국 | 39 |
| 중국 | 34 |
| 독일 | 19 |
| 영국 | 11 |
| 인도 | 9 |
| 브라질 | 8 |
| 일본 | 5 |
| 러시아 | 5 |
| 멕시코 | 5 |
| UAE | 5 |

자료: PwC

악화될 것이라고 답한 비율은 지난해 17%에서 올해 23%로 증가했다. 올해 세계 경제 전망이 좋지 않다는 비관론이 확산된 셈이다. 이 같은 설문조사 결과를 발표한 데니스 낼리 PwC 회장은 "지난해와 비교해볼 때 설문에 응답한 CEO들의 비관적인 전망이 크게 늘어났다. 설문을 작성한 시기가 2015년 중반인 것을 감안하면 현재는 비관론이 더 확대된 것으로 보인다"고 설명했다.

글로벌 경제에 대한 비관론이 확산됐지만 미국은 2년 연속 투자자들이 가장 주목하는 국가로 선정돼 미국의 나홀로 성장세가 지속될 것이라는데 무게중심이 실렸다. 올해 성장세가 호전될 것으로 예상되는 국가를 묻는 질문에 미국을 꼽은 CEO 비율이 39%에 달해 가장 높았다. 다음으로 중국 (34%), 독일(19%), 영국(11%), 인도(9%) 등의 순이었다. 미국 외에 중국도 연초 경기위기 불안감에도 미국에 이어 성장 잠재력이 높은 국가로 평가돼 주목받았다.

넬리 회장은 "중국 경제는 올해 6.3~6.5% 성장률을 기록할 것으로 보고 있다. 아직까지 중국 성장 잠재력에 대해서는 비관보다 낙관적인 전망을 더 많이 갖고 있다"고 강조했다. 6%대 성장률도 다른 주요국 경제에 비해 상대적으로 높은 수준이기 때문에 7% 성장률 붕괴에 큰 의미를 둘 필요가 없다는 게 넬리 회장의 견해였다.

## 과도한 규제가 가장 큰 리스크 요인

기업들이 체감하는 리스크 요인을 묻는 질문에 응답자의 79%가 '과도한 규제'를 꼽아 가장 높은 비중을 차지했다. 지정학적 위험을 꼽은 응답자도 74%에 달했다. 지정학적 위험은 지난해 4위에서 올해는 2위로 뛰어올라 기업들이 느끼는 지정학적 갈등과 관련된 불안감이 커지고 있는 것으로 나타났다. 실제로 프랑스 파리 테러와 사우디와 이란 간 분쟁 등으로 어느 때보다 지정학적 위험이 확 높아진 상태다. 데니스 넬리 PwC 회장은 "글로벌 경제와 기업 환경에 대한 신뢰도가 올해 더 악화될 것이라는 점에는 이론의 여지가 없다"며 "과도한 규제와 지정학적 위험 등으로 기업들이 체감하는 위험이 커지고 있다"고 말했다. 또 넬리 회장은 "이번 설문작업에 파리 테

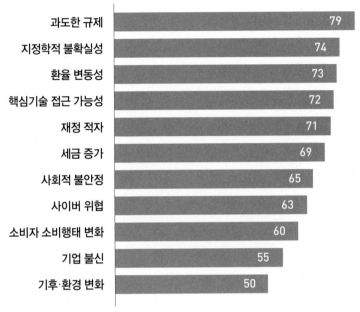

**성장을 가로막는 가장 큰 위협**                              (단위: %)

|  |  |
|---|---|
| 과도한 규제 | 79 |
| 지정학적 불확실성 | 74 |
| 환율 변동성 | 73 |
| 핵심기술 접근 가능성 | 72 |
| 재정 적자 | 71 |
| 세금 증가 | 69 |
| 사회적 불안정 | 65 |
| 사이버 위협 | 63 |
| 소비자 소비행태 변화 | 60 |
| 기업 불신 | 55 |
| 기후·환경 변화 | 50 |

자료: PwC

러가 일부 반영됐지만 이후에 발생한 사태들은 반영하지 못했다. 설문조사 후 지정학적 위험이 확대되는 사례가 잇따르면서 기업들이 느끼는 불안감은 더 커질 것"으로 내다봤다.

과도한 규제와 지정학적 갈등 외에 환율변동성 증가(73%), 핵심기술 접근성(72%), 재정적자 확대(71%), 증세(69%), 사회적 불안정(65%) 등도 기업들이 꼽은 위험요인으로 올라왔다.

글로벌 CEO들이 요구하는 정부 정책 방향은 세금 시스템 개선(56%)이 가장 높았다. 다음으로 근로자 교육훈련 강화(53%), 친기업적인 사회간접자본 구축(50%) 등도 높은 비율을 차지했다. 세금제도와 관련, 무조건 법인세 인하를 요구하기보다는 기업들의 예측 가능성을 높일 수 있는 세금 시스템 구축을 주문했다. 수시로 세금 시스템이 변경되면 기업들이 미래 사업전략을 구축하는데 장애물이 되기 때문이다.

올해 고용을 늘릴 분야를 묻는 질문에 기술직 고용확대를 첫손으로 꼽은 CEO 비율이 67%에 달해 가장 높았다. 이 비율은 지난해 55%에서 올해 12% 포인트나 높아졌다. 다음은 자산관리 분야가 65%를 차지해 뒤를 이었다. 제약·생명과학 분야(64%), 건강관리(56%) 등도 높은 비율을 차지했다.

PwC는 영국 런던에 있는 다국적 회계감사 기업으로 매출액 기준 세계 1위 회계법인이다. 컨설팅 작업도 병행하는 PwC는 매년 다보스포럼에서 CEO 설문조사 결과를 발표한다. 이번 보고서는 전 세계 83개국 CEO 1,409명과 인터뷰를 진행하고 1,747명을 대상으로 진행한 설문조사를 통해 작성됐다.

CHAPTER 4

# 다보스 2016 리스크 리포트

세계경제포럼(다보스포럼)은 매년 1월 포럼 연차총회에 맞춰 글로벌 경제를 뒤흔들 리스크 요인들을 묶은 보고서 '다보스 리스크 리포트'를 발표한다. '2016 글로벌 리스크 리포트'에 따르면 올해 가장 큰 리스크는 대규모 난민문제다. 각국에서 삶의 터전을 찾지 못하고 여기저기 떠돌아다니는 난민문제가 올해 글로벌 최대 난제로 꼽힌 것이다. 지난해 터키 해안으로 밀려온 세 살짜리 시리아 아이 '쿠르디'의 시신은 전 세계적으로 난민문제에 대한 경각심을 불러일으켰다. 현재 지구상에는 1,900만 명의 난민들이 존재하는 것으로 추정된다. 매일 내전과 지역 간 분쟁 등으로 수만 명의 난민이 발생하고 있는 상황이다. 특히 난민들의 주요 행선지가 유럽 지역인 만큼 유럽 지역의 난민문제가 심각하다.

다보스포럼 '유럽의 미래' 세션에 참석한 마뉘엘 발스 프랑스 총리는 강한 유럽을 만들려면 난민문제에 대해 EU 회원국들이 힘을 합쳐 보다 적극적으로 대처해야 한다고 주문했다. 볼프강 쇼이블레 독일 재무장관도 "난

**발생 가능성이 가장 높은 위험**

| 순위 | 2015년 | 2016년 |
|---|---|---|
| 1 | 국가 간 갈등 고조 | 대규모 난민문제 |
| 2 | 이상고온 등 기후변화 | 이상고온 등 기후변화 |
| 3 | 국가 지배구조 실패 | 지구온난화 등 기후변화 대응 실패 |
| 4 | 특정국가 위기 또는 붕괴 | 국가 간 갈등 고조 |
| 5 | 대규모 구조적 실업 | 대규모 자연재해 |

자료: 세계경제포럼

민문제는 유럽의, 유럽을 위한 문제라는 것을 깨닫고 대책을 수립해야 한다"며 정책 공조 필요성을 강조했다. 엠마 마르체갈리아 이탈리아 경제인 연합회장은 "유럽 분열주의는 재앙을 가져올 것"이라며 "난민문제는 물론 저유가, 저성장 등 이슈에 대해서도 개별 국가가 아닌 유럽 차원에서 해법을 모색해야 한다"고 밝혔다.

보고서는 난민문제 다음으로 기후 급변에 따른 환경문제를 꼽았다. 기후변화가 초래하는 심각한 환경문제를 완화하거나 적응하는 방법을 개발하지 못하면 지구촌이 심각한 위협에 직면할 것이라는 진단이다. 각 지역 간 지정학적 갈등도 심각한 리스크에 이름을 올렸다. 지난해 파리 테러 등을 통해 이슬람 국가와 기독교 국가 간 갈등이 최고조에 달했음을 보여줘 올해도 테러 위험이 커질 것으로 봤다. 대규모 자연재해에 따른 위험도 큰 것으로 지적됐다.

또 리스크 리포트는 한 번 발생했을 때 전 세계적으로 가장 큰 충격을 줄

## 2016년 기업 비즈니스 위협 요인

* 전체 140개국 중 해당 위험을 최고로 뽑은 국가 수

| 41 | 29 | 14 | 11 | 10 | 8 |
|---|---|---|---|---|---|
| 실업 및 불완전 고용 | 원자재가격 쇼크 | 국가 지배구조 구축 실패 | 자산가격 거품 | 재정 위기 | 사이버 공격·테러 |

자료: 세계경제포럼

## 발생가능성이 큰 위험

| 순위 | 향후 18개월 | 향후 10년 |
|---|---|---|
| 1 | 대규모 난민문제 | 물부족 문제 |
| 2 | 특정국가 위기·붕괴 | 기후변화 대응 실패 |
| 3 | 국가간 갈등 고조 | 이상고온(저온)등 날씨 변화 |
| 4 | 실업·불완전고용 | 식량위기 |
| 5 | 국가 지배구조 실패 | 사회적 불안정성 심화 |

자료: 세계경제포럼

수 있는 리스크로 '기후변화와 이에 대한 적응 실패'를 지목했다. 다음은 대량 살상무기, 물 부족 문제, 심각한 에너지 가격 변동 등을 꼽았다. 이들 위험은 발생 가능성 보다는 한 번 발생했을 때 시장 충격이 심대한 리스크다.

리스크 리포트에는 기업 활동을 하는 사람들을 상대로 한 설문조사 결과도 포함됐다. 보고서에 따르면 기업인들이 꼽은 가장 큰 리스크는 '실업과 에너지 가격 변동성 확대'였다. 이들 두 가지 요인을 기업 비즈니스에 가장 큰 위험요인으로 꼽은 나라는 전체 조사대상 국가 140개국의 절반에 달했다. 다음은 국가 지배구조 투명성 부족, 자산가격 거품, 재정위기, 사이버 공격 등의 순이었다.

국가별로 기업환경을 위협하는 요인을 묻는 질문에 유럽 지역 기업인들은 재정위기와 높은 실업률, 자산가격 거품을 최우선적으로 꼽았다. 캐나다 기업인들은 자산가격 거품을 가장 큰 위험으로 지목했다. 미국 기업인은 사이버 테러를 꼽아 다른 국가와 차별성을 보였다. 중앙아시아와 러시아는 재정위기와 높은 실업을 꼽았고 동아시아와 태평양지역 국가들은 에너지 가격 변동성 확대, 자산가격 거품, 사이버 공격 등을 지목했다. 리스크 리포트는 전 세계 750명의 학계, 기업, 시민단체 등 전문가와 오피니언 리더들을 상대로 실시한 설문조사 결과를 토대로 작성됐다.

## "4차 산업혁명 승리위해 노동유연성 키워라"

**악셀 베버**
UBS 회장

악셀 베버 UBS 회장은 독일 중앙은행 분데스방크 총재를 역임했던 이코노미스트다. 독일 쾰른대 국제경제학과 교수와 국제결제은행BIS 이사 등을 거쳐 47세 젊은 나이에 분데스방크 사상 최연소 총재에 올라 주목을 받았다. 2016년 다보스포럼에 참석한 그는 〈매일경제〉와 인터뷰를 갖고 4차 산업혁명에 대한 견해를 밝혔다.

이코노미스트로서 그가 가장 강조한 것은 노동시장 유연성이었다. 베버 회장은 "4차 산업혁명 혜택을 보려면 노동시장 유연성을 키우는 게 가장 중요하다. 노동시장 유연성을 높이는 개혁을 하는 국가는 4차 산업혁명의 혜택을 보겠지만 실패한 국가는 도태될 것"이라고 잘라 말했다. 노동시장 유연성이란 기업과 근로자 간 계약을 통해 고용과 해고를 보다 자유롭게 하는 것을 말한다. 일반적으로 기업 경영자들은 노동시장 유연성 확대를 해고의 자유가 넓어지는 것으로 이해한다. 때문에 노동시장 유연성을 강조하는것은 사측 입장에 경도된 시각이라는 분석도 제기된다. 하지만 베버 회장은 4차 산업혁명이 진행되는 과정에서 노동시장 유연성이 담보되지 않는다면 생존이 어려울 것이라고 강조했다. 노동시장 유연성이 높아지면 단기적으로는 기업주에게 이익이 되겠지만 이를 통해 기업 활동이 활성화되면 중장기적으로 근로자에게도 혜택이 돌아갈 수 있다는 설명이다.

베버 회장이 보기엔 아직까지 많은 나라에서 노동시장 유연성이 4차 산업혁명을 최대한 활용하고 발전시키기에 미흡하기 때문에 노동시장 유연성을 높이는 노동개혁이 꼭 필요하다고 주문한다.

베버 회장은 "노동 유연성을 높이는 노동시장 개혁은 단기적으로는 (근로자 해고 등)비용을 수반할 수 있지만 중장기적으로 볼 때 분명 해당 국가에 혜택을 가져다 줄 것"이라고 자신했다.

또 베버 회장은 지금까지 미국 등 선진국은 자본집약적 산업에 집중하고 중국 등 개발도상국은 저임금 노동력을 활용해 성장을 도모했지만 4차 산업혁명 시대에는 이 같은 성장 공식이 근본적인 변화를 맞을 것으로 봤다. 그러면서 베버 회장은 "4차 산업혁명 핵심은 노동과 자본이 빈약한 국가들도 기술개발과 근로자 교육훈련을 통해 4차 산업혁명 핵심 기술을 습득하고 발전시킬 수 있다면 성장 모멘텀을 강화할 수 있다는 점"이라고 강조했다. 이때도 역시 근로자들이 빠르게 변화하는 기술을 습득하고 활용하기 위해 노동시장 유연성이 필수적이라는 주장이다.

4차 산업혁명이 진행되는 과정에서 특히 화이트 컬러들이 느끼는 고용 불안감이 커질 것으로 예상했다. 기술이 중시되는 사회에서 사무행정직의 불안감이 커지는 것은 인공지능 등의 발달로 화이트 컬러들이 담당하는 업무를 기계가 대체하는 경우가 늘 것으로 전망되기 때문이다.

베버 회장은 4차 산업혁명이 가져올 금융 산업 변화에 대해 빅데이터 중요성을 강조했다. 베버 회장은 "빅데이터를 고객관리나 상품구성 등 금융 산업에 활용할 수 있는 방안을 찾는 것이 향후 4차 산업혁명 효과를 극대화하는데 중요한 요소"라고 말했다.

4차 산업혁명으로 개인 간 불평등이 확대될 것으로 예상되는 점에 대해서는 정부 정책과 정치적 역량을 발휘해 해결 방안을 모색해야 한다고 진단했다. 국가 간에도 기술력 차이 때문에 부유한 국가는 4차 산업혁명으로 더 많은 혜택을 보고 가난한 나라들은 상대적으로 소외될 것으로 예상돼 국가 간 불평등 문제도 더 확대될 것으로 내다봤다. 계층 간 불평등 확대와 함께 세대 간 불균형 문제도 더 심각해질 가능성이 크다는 설명이다. 베버 회장은 "4차 산업혁명이 본격화됨에 따라 정치인과 정책담당자들은 보다 동질적인 사회를 만들어야 하는 숙제를 안게 됐다"며 "불평등 문제를 해결하는 것에 정책 우선순위를 둬야 할 것"이라고 조언했다. 이와 관련해 세계 각국에서 펼쳐지는 선거에서 불평등 문제 해소가 중요한 어젠다가 될 것으로 전망했다.

## 다보스, 배지 색깔이 계급

다보스포럼에선 배지가 있느냐 없느냐, 그리고 배지 색깔이 무엇이냐에 따라 대우에 큰 차이가 난다. 과거 인도 계급분류인 카스트 제도가 생각날 정도다. 다보스포럼 사무국이 발행하는 배지 종류는 10여 개에 달한다. 주로 색깔로 구분하고 특별한 경우 기본 색깔에다가 추가적인 표시를 한다. 배지 종류에 따라 행사장 출입 제한은 물론이고 미팅룸 이용, 식사 제공, 라운지 제공, 특별 세션이나 비공식 미팅 참가, 차량 제공 여부와 차종, 별도 출입구, 주차장 이용 등에서 차이가 심하다.

다보스에서 가장 많이 보이는 배지는 화이트 배지다. 2,500여 명에 달하는 일반등록자에게 제공된다. 이 배지로 웬만한 세션은 다 참가할 수 있다. 하지만 국가 정상이나 연간 7억 원이 넘는 회비를 내는 전략적 파트너Strategic Partner에게 제공되는 특별한 혜택은 받지 못한다. 각 국가를 대표하는 언론인, 즉 미디어 리더 109명에게도 화이트 배지가 주어진다. 카스트 제도를 적용하면 상인계급인 바이샤 정도로 생각하면 된다.

화이트 배지 중에도 별도 표시가 있는 게 있다. 가장 특별한 배지는 화이트 배지 위에 홀로그램 이미지가 새겨진 것. 이 배지는 국가 정상, 국제기구 수장은 물론 각 국가를 대표하는 특사 등 고위 관료들에게 지급된다. 이 배

화이트 배지(왼쪽)와 오렌지 배지(오른쪽)

지 소유자에게는 벤츠나 아우디A8 등 최고급 의전차량과 4, 5성급 호텔 숙소, 비즈니스클래스 이상 항공권 등이 제공된다. 메인 행사장인 콩그레스센터 내부에 주차할 수 있는 권한도 주어진다. 글로벌 지도자들의 비공식 모임에도 참가할 수 있다. 카스트 제도로 따지면 최상위 계층인 승려계급 브라만에 해당된다.

화이트 배지에 동그라미 점이 있는 게 있다. 이 배지는 전략적 파트너에게 제공된다. 이 배지를 가지고 있으면 세션 참가는 물론이고 별도의 특별 라운지나 1대 1 미팅룸 이용 등 추가적인 혜택을 받을 수 있다. 한국에선 SK그룹과 한화그룹이 여기에 해당된다. 이들 그룹에게는 모두 동그라미 점이 있는 4개의 화이트 배지가 지급된다. 인도에서 군인 통치계급인 크샤트리아 수준이다.

다보스포럼을 취재하는 언론인들에게는 오렌지색 배지가 지급된다. 오렌지 배지로는 세션을 제한적으로만 참가할 수 있다. 일반등록자와 차별을

화이트 배지를 착용한 '휴보'

두기 위해서다. 출입구도 다르다. 화이트 배지는 출입구 세 군데 중 아무 곳이나 이용할 수 있지만 오렌지 배지는 메인 출입구Main Entry로는 들어갈 수 없다. 중간 출입구Middle Entry를 통해서 들어가야 한다.

　방송 카메라 기자들에게는 오렌지 배지 밑 부분에 보라색 줄이 그어져 있다. 이른바 테크니컬 배지. 이 배지를 소유한 카메라 기자들은 메인 행사장인 콩그레스센터 출입이 제한적으로만 허용된다. 보통 하루 전이나 최소 6시간 이전에 별도로 신청을 해야 출입할 수 있고 그것도 포럼 직원이 한 명따라 붙여서 30분만 체류가 허용된다. 촬영 대상도 복도나 라운지 등 시설에 국한되며 세션장에는 들어갈 수 없다. 다만 메인 행사장 옆에 있는 미디어빌리지는 자유롭게 드나들 수 있다. 미디어빌리지에는 각종 음료와 샌드위치, 다과 등이 항상 준비돼 있다. 오렌지 배지를 받은 등록자들은 대략 상

다보스포럼 메인 행사장 콩그레스센터

인계급인 바이샤와 천민계급인 수드라 중간 수준으로 생각하면 된다.

포럼 직원들에게 제공되는 배지 색깔은 파란색 블루 배지다. 이것도 두 가지로 나뉜다. 진한 파란색(다크 블루) 배지는 600명에 달하는 포럼 정식 직원용이다. 옅은 파란색(라이트 블루) 배지는 포럼 행사기간 중 채용된 인턴 등 임시 직원용이다.

퍼플(보라색) 배지도 있다. 이들은 주로 이벤트 등을 위해 외부에서 온 행사 보조요원들이다. 예를 들어 올해 포럼에 인공로봇 '휴보' 전시를 위해 초청받은 카이스트 대학원생들이 이 배지를 받았다. 이들에게는 항공권과 숙소, 식사 등이 무료로 제공된다.

그린(녹색) 배지는 홀로그램 화이트 배지를 지닌 최상위급 참석자를 수행하는 사람들에게 제공된다. 국가 정상이나 국제기구 수장들에게는 한 사

다보스 시내를 운행하는 버스

람당 4~5개의 그린 배지를 지급해 수행·경호 인력에게 나눠준다.

　임시<sub>Temporary</sub> 배지도 발행된다. 정식등록자는 아니지만 행사나 세션, 미팅 룸 등을 이용할 때 짧은 시간 동안만 출입을 허용하는 것이다. 예를 들어 전략적 파트너가 콩그레스센터에서 비즈니스 상대방을 만날 때 일정 시간만 출입을 허용해 같이 만나는 식이다. 임시 배지도 사전에 신청해야 하며, 전략적 파트너나 산업 파트너<sub>Industrial Partner</sub>에게 아주 제한적으로 주어진다.

　배지 색깔에 관계없이 그래도 배지 보유자는 혜택을 받은 사람들이다. 다보스포럼에 국가 정상이나 글로벌 기업인 등을 수행하러 왔지만 지급되는 배지 수량이 제한돼 아예 받지 못하는 사람이 수천 명에 달한다. 올해 포럼에 박원순 서울시장을 수행한 서울시 직원들 중 배지를 받은 사람은 한 명뿐이다. 나머지 3~4명의 직원들은 아예 배지가 없다. 이들은 그야말로 최하위 계급인 불가촉천민Untouchable이다.

배지가 없는 사람은 콩그레스센터는 물론이고 미디어센터 등 행사장 주변에 접근조차 할 수 없다. 특히 다보스 시내는 행사기간 전날부터 행사 마지막 날까지 주변 도로가 통제된다. 행사장 인접도로인 프로메나데Promenade가 100m 가량은 바리케이드가 설치돼 차량 통행이 금지되고 배지가 없는 사람은 이 길을 통과할 수 없다. 배지가 없으면 포럼 사무국이 제공하는 수백 대의 무료셔틀버스를 이용할 수도 없다. 차량에 탈 때 배지 검사를 하기 때문이다. 배지 유무와 색깔에 따라 대우가 천차만별이므로 불평의 목소리도 나온다. 포럼 사무국이 배지를 매우 제한적이고 치밀하게, 전략적으로 발급하기 때문이다. 이른바 '배지 장사'란 비판도 이래서 나온다.

2016 DAVOS REPORT

— PART 03 —

# 4차 산업혁명
# 도전과 기회

# CHAPTER 1

# 4차 산업혁명 도전과 기회

## 대변혁 가져올 4차 산업혁명

'4차 산업혁명Mastering the 4th Industrial Revolution'을 올해 대주제로 내세운 세계경제 포럼WEF, World Economic Forum(다보스포럼)은 2016년 1월 20일부터 나흘간 동시다 발적으로 진행한 300여 개 세션 중 절반에 가까운 140여 개를 4차 산업혁명 관련 세션으로 채웠다. 그동안 전 세계를 아우르는 정치, 경제 등 광범위한 화두에 포커스를 맞춰온 다보스포럼이 산업을 주제로 삼아 전면에 내세운 것은 이번이 처음이다. 4차 산업혁명이 산업, 경제의 혁명적 변화를 이끄는 것은 물론 인류의 미래와 삶을 근본적으로 뒤바꿔놓을 만큼 커다란 파괴력 을 지니고 있다는 판단 때문이었다.

노벨 문학상을 받은 독일 소설가 토마스 만은 다보스 요양소를 배경으로 장편소설《마의 산Magic Mountain》을 썼다. 다보스를 마魔의 산이라고 부르는 배 경이다. 그런데 올해 다보스포럼 현장에서는 '마의 로봇' 즉 매직로봇이라 는 말이 회자됐다. 4차 산업혁명을 대표하는 인공지능AI으로 무장한 로봇

산업을 조망하는 세션과 시연회 등이 행사장 곳곳에서 열렸기 때문이다. 로봇, AI는 물론 사물인터넷IoT, 자율주행차, 3D프린팅, 나노기술, 유전공학, 소재과학, 에너지 저장장치와 양자컴퓨터 등 광범위한 최첨단 미래분야를 모두 연결하고 융합하는 4차 산업혁명은 아직 초기 단계다. 하지만 발전 속도는 타의 추종을 불허해 변곡점에 도달했다는 평가를 받고 있다. 최첨단 미래 기술들이 상호 결합되고 융합되면서 시너지 효과를 내고 있기 때문이다. 4차 산업혁명이 그동안 경험하지 못했던 대변혁을 가져올 것이라는 낙관론이 다보스 현장을 뜨겁게 달군 배경이다. 클라우스 슈밥 다보스포럼 설립자 겸 회장은 "이전 산업혁명이 혁명적으로 전 세계적 환경을 바꿔 놓은 것처럼 4차 산업혁명이 세계질서를 새롭게 만드는 동인이 될 것"이라고 단언했다. 4차 산업혁명이 본격화되면서 모든 산업 분야에서 새로운 비즈니스 모델이 부상하고 창조적 파괴가 활성화될 것이라는 기대감이 포럼 현장에 넘쳐났다.

## 4차 산업혁명의 도전과 기회

다보스포럼 참석자들은 4차 산업혁명을 이끄는 로봇, 인공지능 등 미래 기술혁명을 거스를 수 없는 대세로 받아들였다. 4차 산업혁명이 인류에게 한 단계 업그레이드된 새로운 삶을 안겨주는 대변혁의 첫걸음이 되는 한편 경제적 측면에서 신성장동력 원천이 될 것이라는 기대감을 드러냈다. 하지만 한편에서는 4차 산업혁명이 몰고 올 혁명적 변화에 부담감을 표출하기도 했다. 미래기술 진보가 인류에게 득이 될지 실이 될지 한쪽 방향으로 단정 짓기 힘들다는 주장도 적지 않았다. AI로 무장한 로봇이 사람들의 일자리를 대체하고 사회적 불평등을 키우는 부작용을 초래할 수 있다는 지적이다.

다보스포럼이 내다본 4차 산업혁명발 미래 고용시장 변화는 충격적이다. 다보스포럼은 미래고용보고서를 통해 4차 산업혁명으로 로봇이 일자리를 대거 대체하기 시작하면 500만 개의 일자리가 순감할 것이라고 전망했다. 4차 산업혁명으로 무궁무진한 사업기회가 창출되는 한편으로 일자리 위협 파고는 더욱 높아질 것이라는 진단이다. 일자리 급감은 민주주의 근간인 중산층 공동화를 가져오는 심각한 위협이 될 수 있다. 프란치스코 교황은 다보스포럼에 보낸 메시지를 통해 4차 산업혁명과 관련해 로봇, 무인차, 3D 프린팅 분야의 혁신이 급격한 일자리 감소로 이어질 수 있다는 점을 우려했다. 그러면서 프란치스코 교황은 "기술개발을 주도해야지 기술개발에 지배돼서는 안 된다"고 강조했다.

조 바이든 미국 부통령은 다보스 콩그레스센터 기조연설을 통해 디지털 혁명Digital Revolution의 위험성을 경고했다. 바이든 부통령은 "거대한 기술변화 속에서 미래 세계에 대해 더 낙관적이 됐다"며 "4차 산업혁명이 패자보다는 더 많은 승리자들을 만들어 낼 수 있기를 기대한다"고 강조했다. 그러면서도 바이든 부통령은 "기술혁명이 뉴노멀이고 모든 사람들에게 혜택을 주는 것이라고 하지만 꼭 그렇지만도 않다. 공장 자동화로 일자리가 사라지고 있는 새로운 상황에 대해 고민해야 한다"고 주문했다. 또 급격한 오토메이션 확산이 중산층을 붕괴시키고 일자리에 위협이 될 수 있다는 진단을 내놨다.

4차 산업혁명발 기술 진보가 선진국과 개도국 간 그리고 부유층과 빈곤층 간 격차를 더 키울 수 있다는 우려도 적지 않다. 글로벌 금융기관 UBS의 악셀 베버 회장은 "불평등은 단순히 선진국, 개도국, 신흥국에서만 확대되는 게 아니라 부자와 빈자는 물론 젊은층과 노년층 사이에도 발생할 수 있다"고 경고했다. 이처럼 일자리를 빼앗고 비인간화와 불평등을 가속화시킬 수 있는 로봇을 반대하는 시위가 일각에서 지지를 받는 것은 4차 산업혁명이 몰고 올 여파에 대한 공포심이 상당하다는 방증이기도 하다.

인공지능 세션에 패널리스트로 참석한 장야친張亞勤 바이두 최고경영자CEO는 "기계가 점점 똑똑해지면서 사람들이 과거만큼 똑똑하지 못하게 될 것이 우려된다"며 "스마트폰을 통한 검색, 저장에 익숙해지면서 사람들이 머리로 직접 기억하는 비중이 줄고 있다"고 걱정했다. 그러면서 장야친 CEO는 "여기까지만 해도 우리 두뇌를 좀 더 복잡하고 의미 있는 사고에 쓸 수 있다는 점에서 괜찮은데 기술이 더 발달해 인류의 높은 사고력까지 대체하고, 이 기능이 고장 나면 사람들이 대처할 수 있을까"라고 반문했다. 앤드류 무어 카네기멜론대학 컴퓨터과학과 학장은 "기술발전에 따른 피해를 입지 않을 것으로 보였던 화이트 컬러도 위협 받기 시작했다"며 "전반적인 지능General Intelligence을 가진 로봇 등장이 멀지 않았고 로봇을 통해 더 많은 일이 진행되는데 따른 위협을 어떻게 다룰지 심각한 고민을 해야 한다"고 주문했다.

반면 AI, 자동화, 로봇 부상을 인류의 삶을 위협하는 것으로 받아들여서는 안 된다며 로봇혁명을 두려워하기 보다는 수용하는 자세를 견지할 것을 주문하는 참석자들도 많았다. 스튜어트 러셀 버클리대학 컴퓨터공학과 교수는 "AI를 검색엔진에 도입하면 현재 1조 달러 규모인 검색 산업이 10조 달러 규모로 확 커질 것"으로 기대했다. 장야친 CEO는 "바이두는 벌써 보험, 소비자 대출 등에 AI를 활용하고 있다"며 "로봇과 AI가 고객 패턴을 분석해 대출 리스크를 줄여줄 수 있을 것"으로 내다봤다.

미래변화 세션에 참석한 셰릴 샌드버그 페이스북 최고운용책임자COO도 기술의 급부상을 두려워하기 보다는 전 세계가 미래기술이 가져올 가능성에 대해 희망을 품어야 한다고 강조했다. 샌드버그 COO는 "미래기술 부상으로 파괴될 일자리 관점에서 보면 일자리 대책마련이 주요한 이슈가 되겠지만 사라지는 일자리보다 더 많은 일자리를 창출할 수 있는 가능성도 열려 있다"고 주장했다. 그러면서 샌드버그 COO는 "4차 산업혁명이 모든 일자리를 파괴하고 가상현실이 대면소통의 종언을 가져오는 한편 인공지능이 인간 지능을 모두 대체할 것이라는 것을 의미한다고 믿지 않는다"고 덧붙였다. 사티아 나델라 마이크로소프트 CEO도 "4차 산업혁명이 경제적 흑자Economic Surplus를 창출할 것"이라며 긍정론을 공유했다. 그러면서도 나델라 CEO는 "4차 산업혁명이 디지털 배당금이 될지 아니면 디지털 디바이드(격차)를 키울지 지켜봐야 한다"고 진단했다.

## 패스트 피시가 승자

이처럼 4차 산업혁명은 위협요인이자 동시에 기회다. 중요한 것은 4차 산업혁명 속도와 범위 등을 이해하고 이에 미리 대처할 경우, 기회로 활용할 수 있는 여지가 상대적으로 커진다는 점이다. 4차 산업혁명을 이해하지 못하고 대비하지 않는 기업과 국가는 치열한 생존 게임에서 도태될 수밖에 없다. 과거에는 빅 피시Big Fish와 스몰 피시Small Fish 경쟁에서 덩치가 중요한 역할을 했다. 하지만 4차 산업혁명발 혁신적인 기술발전 속도를 따라가려면 이제 덩치보다 민첩성이 더 중요하다. 슬로우 피시Slow Fish와 패스트 피시Fast Fish 싸움에서 민첩하고 발 빠르게 움직이는 패스트 피시가 새로운 강자로 떠오르는 구조적 변화 초입에 들어섰다는 분석이다.

기업들은 완전히 새로운 경영 방식을 신속하게 도입해야 한다. 전 지구적인 경쟁 속에 전례 없는 속도로 발전하는 기술이 순식간에 기존 패러다임을 송두리째 뒤흔드는 상황을 연출할 것이기 때문이다. 4차 산업혁명 핵심은 노동, 자본이 빈약한 국가도 기술개발과 근로자 교육훈련 등을 통해 빠르게 대비하면 성장 모멘텀을 강화할 수 있다는 것이다.

# CHAPTER 2

# 로봇이 전쟁을 한다면

다보스포럼 현장에서 '로봇이 전쟁을 한다면?What if Robots go to War?'이라는 도발적인 제목의 세션이 열렸다. 인공지능을 가진 로봇이 전쟁을 하는 장면은 영화에서 흔히 볼 수 있다. 하지만 실제 이런 현상이 벌어지는 것은 아직은 상상하기 힘들다. 전쟁을 수행하는 과정에서 시시각각 판단을 해야 하는 복잡한 문제가 발생한다. 특히 무기를 사용해 사람을 해하는 것에 대한 결정은 수많은 요인들이 복합적으로 작용해 내려지는 결정이다. 이런 부분에서 로봇이 제대로 판단할 수 있을까에 대한 회의가 많은 것이 사실이다.

세션에서는 재미있는 설문을 수행했다. '만약 전쟁이 발발했을 때 군인이 나라를 지키는 게 좋은가 아니면 로봇이 나라를 지키는 게 좋은가?'라는 설문에 로봇이라고 응답한 비율이 88%나 됐다. 사람인 군인이 나라를 지켰으면 좋겠다는 응답은 12%에 불과했다. 반면 전쟁이 일어났을 때 '군인이 당신의 나라를 공격했으면 좋겠는가. 이니면 로봇이 공격했으면 좋겠는가?'라는 질문에 대해 로봇이라고 응답한 비율이 55%, 군인이라고 응답한 비율

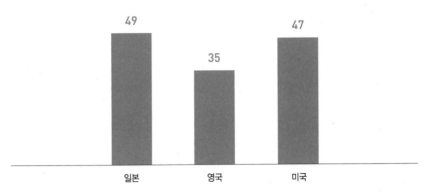

**향후 20년 내 로봇의 일자리 대체비율** (단위: %)

49 일본
35 영국
47 미국

자료: 일본 노무라연구소·영국 옥스퍼드대

이 45%였다. 공격과 방어의 관점에서 응답자들이 다소 상이한 답변을 내놓은 셈이다. 하지만 대체적으로 전쟁처럼 서로 파괴하는 행동은 로봇이 하는 것이 좋겠다는 막연한 바람은 확인됐다. 하지만 로봇이 전쟁에서 어떤 역할까지 수행할 수 있을 것인가는 여전히 의문이다.

마이클 더피 〈타임〉지 부편집장이 주재한 이날 세션에는 로저 카 BAE시스템스 회장, 앙겔라 케인 비엔나 비무장센터 선임연구원, 스튜어트 러셀 미국 버클리대학 컴퓨터공학과 교수, 앨런 윈필드 웨스트잉글랜드대학 전자공학과 교수 등이 패널로 참석했다. 다음은 세션 주요 내용이다.

🗨 **로저 카** 기술이 아무리 복잡해져도 여전히 사람의 능력을 필요로 한다. AI를 사용하기에는 도덕적, 윤리적으로 어려움이 있다. 조작을 할 때 책임과 판단력 등에 큰

'로봇이 전쟁을 한다면?' 세션에서 로저 카 BAE시스템스 회장, 앨런 윈필드 웨스트잉글랜드대학 교수, 마이클 더피 〈타임〉 편집장, 스튜어트 러셀 버클리대학 교수 등이 로봇시대가 가져올 미래상에 대해 토론하고 있다.

위험이 존재한다. AI를 얼마나 믿을 수 있을지에 대한 우려가 남아 있다. 또 인공지능 분야는 매우 복잡하다. 무엇을 공격하고 어떻게 할지 어떤 무기를 쓸지 전적으로 인공지능이 결정하도록 하는 것은 매우 어려운 일이다. 전쟁에도 룰이 존재한다. 인간은 많은 경우 이를 어긴다. 근데 기계는 지킬 수 있고 바다, 하늘, 땅 모든 곳에서 공격에 나설 수 있다. AI는 수년 내로 수십 조 원의 시장을 형성할 것이다. 도덕적 문제가 관건이다. 첨단 기계를 생산하는 회사 대표로 일하고 있지만 인공지능으로 무장한 무기 생산에 전적으로 동의하기 쉽지 않다. 도덕적 문제 때문이다. 또 윤리 및 도덕이란 게 매우 복잡한 것인데 과연 우리가 기계에게 이런 것을 넘기는 것이 맞는 것인가 하는 의문점이 남아 있다.

정부가 선을 그어주는 게 중요하다. 물론 법을 통한 통제가 인공지능 무기와 관련된 문제를 모두 해소할 수는 없다. 누군가는 항상 선을 넘게 마련이다. 그래도 정부가 직접 나서 교육과 법을 통해 올바른 판단을 내리게끔 돕는 것이 필요하다. 회사는 그저 국가의 법안에서 운영될 뿐이고 기계에게 윤리적 판단을 내리게 하는 것은 매우 위험하다. 인간의 도덕적 판단을 통째로 기계에게 넘길 수는 없다.

💬 앙겔라 케인 기술개발과 인공지능 발전은 너무 빠른데 아직 우리 의식은 너무 느리게 전개되고 있다. 인공지능을 갖춘 로봇 전쟁은 생명과 희생에 대해 둔감하게 만들 것이다. 그저 떨어져서 버튼을 눌러 공격을 하는 것은 실제 전쟁 상태에 노출되는 것과는 완전히 다른 경험이다. 생명을 경시하게 될 것이다. 이 부분에 대한 국제적 논의가 너무도 필요하다. 어떤 식으로 규제를 하고 인공지능에 어떤 역할을 허용하고 어떤 식의 인공지능 무기를 만들지 등에 대한 논의가 선행돼야 한다. 하지만 이같은 논의는 너무 느리게 진행되고 있다. 관련 기업들도 이러한 논의에 적극 동참해야 하고 전문적 지식을 가진 전문가들도 논의에 참여해야 한다. 단순히 정책을 논의하고 입법하는 사람들만 모여 논의하는 것으로는 부족하다. 인공지능을 사용하는 것에 대한 도덕 '룰'을 만들어야 한다. 현재 각 지역 및 국가별로 나름의 법을 제정하고 있다. 인공지능 기계와 관련한 법들인데 현재 그 내용이 투명하게 공개되고 있지 않다. 관련 국가들이 모여서 법안 제정에 대해 논의하고 공조해야 한다.

기초 단계 인공지능(드론이나 3D프린터로 총을 만드는 등)은 만들기 쉽다는 게 문제이다. 진입장벽이 너무 낮다. 이런 것들이 혹여나 못된 사람들의 손에 흘러들어갈 수 있다는 점이 정말 걱정된다. 정부 인사들이 이러한 것을 걱정해야 하고 규제법을 제정해야 한다. 기술이 발전하는 것은 좋은 것이라며 마냥 긍정적으로만 바라보는 것은 위험하다. 기술을 올바르게 사용할 수 있는 교육이 선행돼야 한다. 인공지능 무기 및 기술 발전은 공격을 더 정교하게 만들어주고 원하는 만큼만 공격하게끔 도와준다. 핵폭탄과 같이 불필요한 피해를 만들어 내면서 공격을 하지 않아도 된다. 이 때문에 인공지능 무기를 더 많이 사용하려는 유혹에 빠지기 쉽다.

🗨 스튜어트 러셀: 몇 년 전부터 국제연합UN은 AI 무기를 우려하기 시작했다. 과연 이 같은 무기들이 스스로 어떤 상대를 공격하고 어떻게 공격할지 결정을 내릴 수 있을 것인가에 대한 걱정이 많다. 기술만 놓고 볼 때 인공지능이 생명을 살리기도 한다. 사람 대신 군사작전을 진행할 수 있기 때문이다. 하지만 더 이상 인간이 공격을 직접 진행하지 않아도 돼 수많은 군인들의 목숨을 살려준다는 생각은 너무도 순진한 것이다. 인공지능 무기를 작동할 사람이 필요하기 때문에 AI를 활용한다는 것은 생각만큼 그리 간단한 일이 아니다. 복잡한 작전에 투입될 수 있을 만큼 기술이 발전하고 있다. 이제는 인공지능 무기들이 잘못된 방향으로 나아가지 않게끔 하는 게 필요하다. 인공지능은 99.9999%에 가까운 매우 높은 정확도를 보이고 있고 사고를 피하기 위해 이만큼 높은 정확도는 필수적이다. 그런데 이슬람국가IS처럼 악의적 의도를 가진 사람들은 이 정도의 정확성을 필요로 하지 않는다. 인공지능 무기가 80% 정확성을 보여도 이런 사람들에게는 충분히 효과적인 무기로 사용 될 수 있다. 기계가 도덕적 판단을 내리게 할 것인가 아니면 우리 몫으로 남겨둘 것인가가 관건이다.

🗨 앨런 윈필드: 윤리적 결정을 할 수 있는 인공지능은 앞으로 100년간 만들기 힘들어 보인다. 결국 인간이 결정해야 하고 우리는 선을 넘지 말아야 한다. 아무리 잘

만들어진 로봇조차 작동시켜 보면 실수를 한다. 우리는 기계를 맹신하는데 이는 단순한 오해에 불과하다. 로봇은 아직 충분히 똑똑하지 못하다. 전투와 평화를 구별할 수 있는 기계를 아직은 만들기 어렵다.

# CHAPTER 3

# 사물인터넷 시대 승자와 패자

'사물인터넷 시대The Internet of Things Is Here' 세션에 참여한 패널리스트들은 사물인터넷 시대 기업들의 생존 전략에 집중했다. 사물인터넷 시대에는 기업들이 승자와 패자로 명확히 구분된다. 한 기업이 패권을 장악하면 수많은 주변 기업들은 몰락할 가능성이 높다. 또 패널리스트들은 기업들이 성공을 위해 다른 기업과 협업하는 게 무엇보다 중요하다고 강조했다. 사물인터넷 시대의 핵심은 많은 기업들이 네트워크를 통해 서로 얽혀 있다는 점이다. 때문에 네트워크 조성과 협업에 실패한 기업은 설자리를 잃게 될 확률이 높아진다. 로버트 스미스 비스타에쿼티파트너스 CEO 사회로 진행된 세션에 마이클 그레고어 CA테크놀로지스 CEO, T. K. 쿠리엔 와이프로 CEO, 마이클 맥나마라 플렉스 CEO, 안드레아스 라프토포로스 매터넷 CEO 등이 패널로 참석했다. 다음은 세션 주요 내용이다.

'사물인터넷 시대' 세션에서 로버트 스미스 비스타에쿼티파트너스 CEO, 마이클 그레고어 CA테크놀로지 CEO, T. K. 쿠리엔 와이프로 CEO 등이 사물인터넷이 가져올 변화상에 대해 토론하고 있다.

💬 마이클 그레고어 현재는 앱경제 시대다. 앱은 스스로 고객과의 관계를 형성하고 자신만의 비즈니스 모델을 만든다. 지난 2007년만 해도 지구상에 앱은 존재하지 않았다. 하지만 2011년에는 250억 개의 앱이 다운로드 됐다. 그만큼 앱은 전 세계 시장을 집어삼키고 있다. 이런 시대를 따라가기 위해 매우 빨리 변하지 않으면 안 된다. 기업 환경도 급변하고 있다. 새로운 전략을 구사할 때 주변 기업과 협력을 하려고 주위를 돌아보면 어떤 기업도 나를 기다리지 않고 있다. 하지만 내가 새로운 것을 개발하고 쉴 새 없이 빠르게 움직이면 고객도 찾을 수 있고 같은 속도로 빠르게 움직이는 다른 기업과의 협력도 가능하다. 각종 소프트웨어 개발과는 별도로 이 같은 사업방식이 많은 기업들에게 스며들어 있다.

리더십도 바뀌어야 한다. 명령과 통제를 기본으로 했던 과거 50년의 리더십은 수명을 다했다. '나는 보스고 너는 내 말을 따라야 한다'는 것은 구태의연한 리더십이다. '당신은 지금 올바르게 일하는 방법을 배워야 한다'고 설득하는 것이 무엇보다 중요한 시대가 됐다. 사물인터넷 활성화와 함께 문화도 변화하고 있다. 내가 다른 소프트웨어 최고경영자들과 얘기할 때 우리는 항상 문화에 대해 논의한다. 소프트웨어 시장은 매우 경쟁적이다. 기업들이 반드시 해야 할 일은 기업이 항상 충분한 투자를 하고 있다고 고객이 느끼도록 만드는 것이다.

💬 T. K. 쿠리엔 사물인터넷이 대유행이다. 많은 사람들이 IoT와 그것을 이루는 기술에 빠져 있다. 하지만 의외로 많은 사람들이 IoT가 가져올 경제·사회적 변화를 정확히 이해하지 못하고 있다. 10년 전으로 거슬러 올라가보자. 기업들은 제품을 시장에 시험적으로 내놓고 자신들이 내놓은 제품이 얼마나 팔리는지에 대한 연구를 진행한다. 그때 고객들이 무엇을 원하는지에 대한 판단이 선다. 이후 1~2년에 걸쳐 제품을 수정하고 다시 세상에 내놓는다. 제품이 시장에 나오고 가격이 책정된다. 그때서야 비로소 제품이 생산·판매·유통 사이클에 들어가게 된다. 기술이 발전하고 사물인터넷이 현실화되면 상황이 달라진다. 이제 기업들은 제품에 사물인터넷 기술을 결합한다. 각종 소프트웨어가 생산과 판매를 조직적으로 이끌어준다. 제품을 시장에 내놓은 뒤 업그레이드 하는 것까지 모두 소프트웨어가 담당한다. 시장 밖에서는 네트워크가 형성된다. IoT의 가장 중요한 기능은 사람들을 연결시켜주는 것이다. 나는 이것을 '연결의 혁명'이라고 부른다. 페이스북 같은 기업은 '멧칼프의 법칙Metcalfe's Law'에 따라 이익을 창출 할 수 있다. 멧칼프의 법칙은 네트워크 유용성은 네트워크 사용자 수의 제곱에 비례한다는 법칙을 말한다. 페이스북 이용자가 늘면 늘수록 수익도 덩달아 올라간다는 얘기다.

💬 **마이클 맥나마라** 세상의 변화는 점점 빨라지고 복잡해지고 있다. 더 많은 사람들이 변화의 영향을 받고 있다. 주변 환경이 변화하는 속도도 갈수록 빨라지고 있다. 기업들은 갈수록 기존 틀을 뒤흔들 수 있는 파괴적인 신기술로 무장한 기업들을 더 많이 접하게 될 것이다. 또 글로벌 경쟁도 지금보다 훨씬 더 치열해질 것이다. 이런 환경에서 살아남으려면 주변 환경변화를 인식하고 새로운 비즈니스 모델을 지속적으로 발굴해 나가야 한다. 빠르게 변화하는 경제제도와 사회 시스템 아래서 기업은 생산 활동을 해야 하고 판매 전략을 수립해야 한다. 이런 과정에서 가장 중요한 것은 협업이다. 협업은 누구보다도 내가 먼저 시장에 접근할 수 있도록 해주는 중요한 전략이다. 내가 만든 물건의 인터넷 접근성을 높이는 게 중요하다. 하지만 기존 제조업체는 대부분 이 같은 기술을 가지고 있지 않다. 때문에 시장에서 성공하기 위해 효율적으로 협업할 수 있는 파트너를 구하는 것이 필수적이다. 파트너를 통해 시장 접근도를 높이고 제조·판매 효율성을 한층 높일 수 있다. 현재 기업들에게 요구되는 연결성이란 사업에 필요한 데이터를 빠르고 쉽게 얻을 수 있고 이를 효과적으로 분석할 수 있는 기술도 습득할 수 있도록 기업들을 연결하는 것이다.

또 다른 변화는 현재 많은 기업들이 창출하는 부가가치가 하드웨어보다는 소프트웨어에서 더 많이 발생한다는 것이다. 각종 콘텐츠와 데이터 및 이를 인식하는 기술이나 사업모델도 점차 중요해지고 있다. 하드웨어는 본질적인 가치를 전달하는 운송기관에 불과하다. 기업들은 고객에게 다가가는 전략도 수정해야 한다. 이를 위해 기업들은 언제든지 파트너십을 구축할 수 있는 네트워킹 능력을 확보하고 있어야 한다.

💬 **안드레아스 라프토포로스** 사업을 새로 시작할 때 요구되는 것은 세상이 지금 어디로 가고 있느냐에 대한 정확한 인식이다. 특히 두 가지 면에 있어서 주의해야 한다. 첫째는 현재 지구상 10억 명의 사람들은 기계와 유사한 기구들에 접근하지 못한다는 점이다. 그리고 이들을 기계에 접근할 수 있도록 유도하고 인간으로서 살아갈 수 있는 의약품을 제공하기 위한 사회간접자본 구축과 투자에 50년 이상 소요된다.

두 번째 세상의 다른 측면을 보면 지구상 인구의 절반 이상은 인구 1,000만 명이 넘는 대도시인 메가시티에 살고 있다. 대다수 메가시티들은 효과적으로 운용되는 운송 시스템과 각종 인프라스트럭처를 갖추고 있다. 모바일과 컴퓨터 혁명은 거대 도시를 하나로 연결시키고 그 네트워크상에서 많은 것을 할 수 있도록 만들었다. 이런 혁명은 인류에 큰 기회를 제공할 것이다. 전 인류가 하나의 중심 클라우드를 통해 연결되고 여기에 사물인터넷을 접목시켜 많은 변화를 이룰 수 있다. 하지만 우리가 반드시 배워야 할 점은 우리가 건설하려는 시스템을 안정적이고 효율적으로 만들어야한다는 것이다. 사이버 공간의 안정성을 도모할 수 있는 방안을 수립하지 않는다면 기술의 진보는 퇴색된다. 현재처럼 디지털 디바이드가 심한 상태에서는 더 그렇다.

CHAPTER 4

# 금융의 대전환

'금융의 대전환The Transformation of Finance'세션에 참석한 전문가들은 10년 내에 현금이 사라질 것으로 예측했다. 핀테크로 대표되는 금융 기술 발달과 가상화폐 부상 등으로 인해 실물로서의 돈이 설자리를 잃어버린다는 것이다. 때문에 핀테크 발달과 함께 증가할 것으로 보이는 화폐를 이용한 범죄와 금융보안 보강 등의 이슈에 대한 솔루션을 만드는 것이 시급하다고 강조했다. 또 경제상황 변화와 금융업 변화가 서로 보조를 맞춰가며 진행돼야 한다고 주문했다. 한쪽의 변화가 너무 앞서가면 득보다 실이 많을 수 있음을 경고한 것이다. 질리언 테트 미국 〈파이낸셜타임즈FT〉 편집장이 주재한 세션에 존 크라이언 도이체방크 공동 CEO, 제임스 고먼 모건스탠리 회장, 크리스틴 라가르드 국제통화기금IMF 총재, 댄 슐만 페이팔 CEO, 탐 드 스반 취리히 보험그룹 회장 등이 패널로 참석했다. 다음은 주요 토론 내용이다.

'금융의 대전환' 세션에서 (왼쪽부터) 질리언 테트 〈파이낸셜타임즈〉 편집장, 제임스 고먼 모건스탠리 회장, 크리스틴 라가르드 국제통화기금 총재, 존 크라이언 도이체방크 CEO, 댄 슐만 페이팔 CEO, 탐 드 스반 취리히보험그룹 회장 등이 핀테크를 비롯한 금융 산업의 미래에 대해 토론하고 있다.

💬 **존 크라이언** 실물로서의 돈(현금)은 10년 안에 사라진다. 넓은 의미의 화폐는 교환의 매개수단이고 이는 언제나 필요하다. 하지만 화폐가 꼭 달러화처럼 현금의 형태를 띨 필요는 없다. 그런 의미에서 돈은 사라질 것이다. 현재 지구 상에는 돈을 대체하는 수단을 만들어낼 수 있는 수많은 기술들이 있다. 그리고 많은 정부와 은행들이 이런 기술에 주목하고 있다. 이 때문에 돈이 사라질 것이다.

💬 **제임스 고먼** 투자자들과 이야기할 때 우리 앞에 무엇이 놓여있고 앞으로 어떤 일들이 금융 산업에 벌어질 것인가를 염두에 두고 대화를 많이 한다. 금융 산업 규제 환경에 대해 포커스를 맞추지 않고 고객에게 미래에 얻을 수 있는 금융 수익에 대해

제임스 고먼 모건스탠리 회장

이야기 한다면 우리는 일을 제대로 하고 있지 않은 것이다. 우리가 다양한 영역을 파괴시킬 수 있는 혁신적인 기술에 초점을 맞추지 않고 금융 산업 성공전략을 논한다면 이것 역시 의미 없는 일이다. 금융업에서 사람 간 관계가 어떻게 될 것인지, 금융 서비스 비즈니스는 어떻게 될 것인지, 이 같은 환경 속에서 우리가 어떤 의사결정을 할지에 초점을 맞춰야 한다. 이런 관점에서 볼 때 우리가 어느 부분에서 기술을 받아들일지 생각해봐야 한다. 핀테크 등 금융 분야에 많은 기술진전이 이뤄졌지만 이 때문에 한순간에 금융환경이 다 바뀌지 않는다. 새로운 기술 변화는 수년간에 걸쳐 금융환경을 바꾸겠지만 한꺼번에 모든 것을 변화시키지는 않을 것으로 본다.

댄 슐만 페이팔 CEO

💬 크리스틴 라가르드 가상화폐는 훨씬 더 심각한 수준으로 많은 전통적인 금융업 영역을 파고들고 있다. 우리는 정확히 가상화폐 문제가 어디까지 영향을 미칠지 알지 못한다. 하지만 영향력이 크다는 것은 분명히 알고 있다. 현재 가상화폐 규모는 70억 달러 정도로 추정된다. 지금 시중에서 유통되는 달러가 1조 4,000억 달러에 달한다. 또 미국이 공급한 달러 양이 120조 달러에 달하는 것을 감안하면 가상화폐 규모가 그리 크지는 않다. 하지만 가상화폐는 소비자들에게 매우 유용하다. 화폐를 이용하는데 소요되는 비용을 낮춰줄 수 있고 각종 금융혜택도 얻을 수 있기 때문이다. 가상화폐는 은행을 이용할 수 없는 사람들도 이용할 수 있다는 점에서 많은 장점을 가지고 있다. 물론 단점도 있다. 규제 사각지대에 있기 때문에 범죄에 악용될 수

있다. 돈세탁이나 테러리스트들이 모금하는데 이용될 수도 있다. 가상화폐는 또 금융 시스템 안정성을 손상시킬 수도 있다. 중앙은행 통화정책도 무력화 시킬 수 있다.

💬 댄 슐만 핀테크로 대표되는 금융 산업 변화상에서 주목할 만한 점이 5가지가 있다.

첫째, 돈이 디지털화되고 있다. 현금이 사라지고 있다는 얘기다. 둘째, 화폐가 모바일화 되고 있다. 스마트폰이 결제기능을 갖게 되면서 화폐역할을 할 수 있게 됐다. 스마트폰만 있으면 모두가 자신의 손바닥 위에 은행을 가지고 있는 것과 마찬가지다. 스마트폰으로 세계 어느 곳에서나 금융 서비스를 이용할 수 있다. 전 세계 수십억 명의 사람들이 특정 금융 시스템에서 벗어나 있더라도 금융 서비스를 이용할 수 있게 되는 셈이다. 셋째, 화폐 이용과 관련한 데이터양이 폭발적으로 증가한다. 데이터 양과 질이 우수해질수록 금융시장을 보다 효율적으로 이용할 수 있게 된다. 갈수록 데이터 양이 늘어나고 이것은 금융 산업 환경을 혁신적으로 변화시킬 것이다. 넷째, 산업과 제품 간 경계선이 모호해지게 된다. 페이스북, 구글 같은 회사들은 구체적인 제품이 아닌 플랫폼을 공급하는데 그것이 산업 영역인지 제품 영역인지 구분하는 게 애매해지고 있다. 다섯째, 금융 보안 문제가 심각하게 대두된다. 수많은 데이터와 개인정보를 관리하고 보안을 유지하는 것이 큰 이슈가 될 것이다.

핀테크는 현재 이 같은 다섯 가지 큰 흐름의 중간에 와있다. 이용 효율성과 보안 문제, 고객층이 넓어지는 것과 정부규제 문제가 상호 충돌하는 상황이다. 모두를 만족시킬 수 있는 기술이 개발된다면 문제가 없지만 현재는 여러 가지 문제들을 해결해 나가는 과정이다.

## "4차 산업혁명의 핵심은 모듈화"

**아난드 마힌드라**
마힌드라그룹 회장

　인도의 대규모 복합기업 마힌드라그룹의 아난드 마힌드라 회장은 다보스포럼 주제인 4차 산업혁명과 관련해 "4차 산업혁명 핵심은 모듈화"라고 강조했다. 마힌드라 회장은 "생산 과정 모듈화는 기업의 각종 실험과 생산을 용이하게 만들어준다"며 "모듈화를 통해 각종 실험 비용을 낮추고 과거 관계가 없었던 기업이나 기술들이 합쳐져 새로운 상품과 서비스를 제공할 수 있도록 하는 게 큰 장점"이라고 강조했다. 또 4차 산업혁명으로 기계화, 자동화, 디지털화가 촉진되면서 혁신적인 변화가 찾아올 것으로 예상했다. 마힌드라 회장은 "4차 산업혁명으로 기업들은 제품보다는 솔루션에 초점을 맞출 것"이라며 "아마존이나 우버 사례에서 보듯 기술의 발달은 또 다른 창조적 파괴를 가져올 것"이라고 진단했다.

　또 마힌드라 회장은 "올해 전 세계는 테러, 사이버 범죄, 금융 불안 등 많은 위험요인들에 직면할 것"이라며 "가장 큰 위험요인은 불평등을 수반하는 저성장 구조 지속"이라고 진단했다. 최근 세계적으로 저성장 구조가 고착화되고 불평등은 심화되고 있어 경제·사회적 위험이 동시에 증가하고 기업 활동에도 리스크 요인이 될 것이라는 분석이다.

그러면서도 마힌드라 회장은 인도 경제는 긍정적으로 바라봤다. 마힌드라 회장은 "올해 인도 경제는 최소 7% 성장을 할 것으로 보고 있고 8~9% 성장도 가능하다"고 자신했다. 그러면서 마힌드라 회장은 "세계 각국 정부와 기업, 그리고 투자자들이 인도 경제를 주목하고 있다"고 덧붙였다.

마힌드라 그룹이 5년 전 인수한 쌍용자동차의 미래에 대해서도 낙관론을 유지했다. 마힌드라 회장은 "티볼리의 성공적인 론칭과 노사분규 문제도 해소되면서 향후 쌍용차 성장에 큰 도움이 될 것"이라고 강조했다. 마힌드라 회장은 "기업가 정신과 개성을 중시하는 마힌드라그룹의 문화와 철학이 쌍용차 내부에 뿌리 깊게 남았던 오래된 문제를 해결하는데 도움이 됐을 것"이라고 평가하기도 했다. 인도 총리 나렌드라 모디가 공격적으로 추진하는 '모디노믹스'에 대해서도 비교적 낙관적인 전망을 유지했다. 마힌드라 회장은 "모디노믹스 핵심은 메이드인 인디아, 디지털화, 스마트시티로 요약할 수 있다"며 "이는 인도 경제를 강하게 만들겠지만 이런 성과가 나타나기까지는 많은 시간과 노력이 필요할 것"이라고 설명했다. 마힌드라 회장은 "모디노믹스 성공을 위해 단기적으로는 부정부패와 관료화 등의 폐해를 막는 게 중요하다"고 강조했다.

# 다보스, '톱5' 호텔은 돈 줘도 못 들어간다

세계경제포럼 연차총회가 열리는 스위스 다보스는 행사기간 중 포럼과 관련돼 2만 명이 넘는 인파가 밀려든다. 스키 휴양지이기 때문에 관광객들도 몰린다. 때문에 행사기간 중에는 호텔방이 턱없이 부족하다. 포럼 측은 사전에 40여 개 호텔과의 계약을 통해 시내 주요 호텔방을 선점한 뒤 참가자들에게 배분하는 형식으로 숙소를 배정한다.

다보스와 인근 클로스터시에 있는 100여 개 호텔 중 '톱5'가 있다. 벨베데레호텔Belvedere Steigenberger, 아메론호텔Ameron Swiss Mountain Hotel Davos, 힐튼호텔Hotel Hilton Garden Inn, 인터컨티넨탈호텔Hotel Intercontinental, 시호프호텔Hotel Seehof이다. 인터컨티넨탈호텔을 제외하곤 다보스 시내 주도로인 프로메나데Promenade 거리에 자리잡고 있는데 아메론은 지난해 완공된 최신 호텔이다.

이들 호텔에는 조 바이든 미국 부통령, 데이비드 캐머런 영국 총리, 베냐민 네타냐후 이스라엘 총리 등 국가 정상급 지도자와 반기문 유엔 사무총장, 김용 세계은행 총재, 크리스틴 라가르드 국제통화기금 총재 등 국제기구 수장들이 묵는다. 또 국가 간 정상회담이나 비밀 회동도 주로 이들 호텔에서 이뤄진다. 정상들이 묵는 만큼 각국 경호요원들과 스위스 경호 인력이 대거 배치된다. 그만큼 출입 통제가 심하다.

톱5 호텔인 벨베데레호텔

톱5 호텔은 다보스포럼 사무국이 나눠주는 배지가 없는 일반인들은 행사기간 중 들어가지 못한다. 다만 이들 호텔에 묵고 있는 고위급 인사가 비즈니스 회의나 언론 인터뷰를 할 때 포럼 배지가 없는 실무진들이 참여해야 하므로 다섯 호텔이 공동으로 '호텔 배지'를 제한적으로 발급한다. 호텔 배지는 단순히 톱5 호텔 출입만을 위한 것이다. 발행 수수료는 1개당 50프랑(6만 원)이다. 포럼 배지와 호텔 배지가 있다고 하더라도 호텔에 들어갈 때는 매번 별도로 설치된 보안검색대를 통과해야 한다.

이들 호텔은 일반 차량 통과나 진입도 금지된다. 때문에 이런 사실을 잘 모르는 운전자들이 호텔에 진입하려다가 곤혹을 치루기 일쑤다. 아예 호텔 수십 미터 전에 바리케이드를 설치해 군인과 경찰들이 출입을 막는다.

이들 호텔 숙박비는 1박에 수백만 원이 넘는다. 메인 행사장에서 다소 멀

톱5 호텔인 아메론호텔

거나 시설이 낙후된 2~3성급 호텔 숙박비도 엄청나다. 다보스 시내 대부분 호텔은 행사 기간 중 투숙하려면 실제 투숙일과 관계없이 기본이 4~5박이다. 하루를 자더라도 5일치 숙박비를 내야 한다. 2~3성급 호텔도 하루를 자더라도 5일치인 2,600프랑(300만 원) 가량을 지불해야 한다. 특히 톱5 호텔은 가격도 가격이지만 포럼 사무국 호텔 배정 정책에 따라 일반인은 아무리 많은 돈을 줘도 방을 구할 수 없다. 때문에 수행원들은 호텔은 아예 엄두도 못 내고 시내 주변에 있는 아파트나 주택을 빌려 3~4명이 한 곳에 묶는 경우가 많다.

민박집들은 메인 행사장까지의 거리나 최신 시설 여부에 따라 가격이 천차만별이다. 〈매일경제〉 취재진이 머물렀던 방 두 개짜리 15평 규모 민박집은 1주일에서 10일에 500만 원을 받는다. 지은 지 수십 년 된 낙후된 집이

호텔 위치를 알리는 표지판과 다보스 도르프역 부근 민박집

지만 하루에 50만 원이 넘는 가격이다. 1주일이나 10일이나 가격은 차이가 없다. 어차피 행사가 끝나면 찾는 사람이 없기 때문이다. 행사기간 일주일 임대료가 두 세 달치 월세에 해당한다. 다보스 주민들은 행사 기간에 주택 일부를 빌려주고 아예 휴가를 가는 경우도 있다.

## ─ PART 04 ─

# 차이나 쇼크

# 차이나 쇼크

## 중국 경제 위기론의 실체

3,000여 명의 글로벌 파워엘리트들이 총출동한 2016년 올해 다보스포럼 현장에서 가장 큰 화두는 바로 중국 경제였다. 대다수 참석자들이 글로벌 경제를 위협하는 가장 큰 변수로 중국을 꼽는데 주저하지 않았다. 물론 그동안 중국 경제성장률이 곤두박질치는 경착륙<sub>Hard Landing, 하드랜딩</sub> 이야기가 한두 번 나온 게 아니다. 지난 수년간 연례행사처럼 중국 경제성장률이 수직 하락할 것이라는 경착륙 가능성이 매년 제기돼왔다. 천문학적인 금융권 부실자산, 제조업 생산과잉 등에 따른 좀비기업 줄도산 가능성, 과도한 가계부채, 거품이 커진 부동산 시장 붕괴 우려가 결국 중국 경제 발목을 잡을 수밖에 없다는 게 중국 경제위기론의 골자였다. 이 같은 악재들이 동시다발적으로 터지면 중국 경제가 5% 이하 성장을 하는 경착륙이 현실화될 것이라는 전망이 끊이지 않았다. 하지만 중국 경제 경착륙 우려는 현실화되지 않았고 중국 경제는 다른 주요국 경제와 비교해 상대적으로 높은 성장률을 유

'중국 경제의 향방' 세션에서 참석자들이 '뉴노멀'을 내세운 중국 경제 미래에 대해 토론을 벌이고 있다. 왼쪽부터 프랜신 라퀴아 블룸버그 PD, 장젠칭 중국공상은행 회장, 크리스틴 라가르드 국제통화기금 총재, 팡 싱하이 중국 경제금융자문위 사무총장, 개리 콘 골드만삭스 사장, 장신 소호차이나 최고경영자, 레이 달리오 브릿지워터 회장.

지해왔다.

그런데 2015년 8월 실물시장 거울이라는 주식시장이 갑작스레 대폭락한 뒤 시장 변동성이 확 커지면서 중국 경제에 이상신호가 잡혔다. 그러더니 올들어 가파른 중국 경제 둔화 불안감 속에 연초부터 중국 주식시장이 하루 새 7%나 폭락, 서킷브레이커Circuit Breakers, 장정 매매중단가 걸려 조기 폐장되는 초유의 사태가 벌어졌다. 다보스포럼이 열리는 기간 중 중국 주식시장 급락 충격으로 글로벌 금융시장이 요동 치자 중국발 글로벌 경제위기설이 급부상했다. 미국과 함께 글로벌 경제를 떠받쳐온 중국 경제 성장 모멘텀

**2016년 중국 경제성장률 전망**

(단위: %)

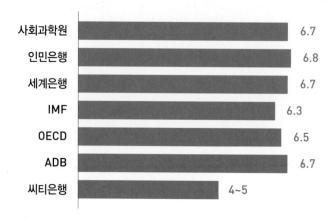

|  |  |
|---|---|
| 사회과학원 | 6.7 |
| 인민은행 | 6.8 |
| 세계은행 | 6.7 |
| IMF | 6.3 |
| OECD | 6.5 |
| ADB | 6.7 |
| 씨티은행 | 4~5 |

둔화가 가파르게 진행되면 글로벌 경제가 메가톤급 충격을 받을 수밖에 없다는 불안감이 다보스포럼 참석자들 사이에 팽배했다. 그동안 중국 경제 경착륙 위기론이 나왔다가도 중국 경제가 지속적인 성장세를 보이면서 곧바로 사그라졌지만 올해는 예년과 다르다는 게 다보스포럼의 대체적인 분위기였다.

다보스포럼에 참석한 '닥터둠' 누리엘 루비니 뉴욕스턴경영대학원 교수, 케네스 로고프 하버드대 교수 등 세계적인 거물 학자들은 앞으로 중국 경기 둔화세가 가팔라지고 이 때문에 금융시장 변동성이 확 커질 것이라고 경고했다. 그러면서 중국 리스크 때문에 글로벌 경제가 당분간 한치 앞을 내다보기 힘든 시계제로 상황에 빠지고 불확실성에 민감하게 반응할 것이라는 암울한 전망을 내놨다. 성장세가 급격하게 무너지면 성장이라는 속도로 굴

**중국 GDP성장률** (단위: %)

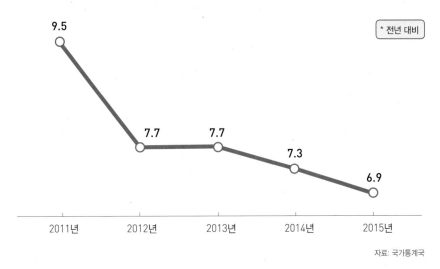

* 전년 대비

9.5
7.7
7.7
7.3
6.9

2011년 2012년 2013년 2014년 2015년

자료: 국가통계국

러가던 자전거가 중심을 잃을 수밖에 없다는 진단이다.

## 바오치 시대 종언

다보스포럼 현장에서 중국 경제 비관론이 급속히 확산된 데에는 그만한 이유가 있었다. 일단 중국 경기둔화를 보여주는 지표가 넘쳐난다. 지난해 중국 경제성장률은 6.9%를 기록했다. 제로성장 늪에 빠져있거나 1~2% 저성장이 고착화되고 있는 다른 주요 선진국 경제와 비교하면 상대적으로 고성장이다. 하지만 얼마 전까지만 하더라도 두 자릿수 성장을 해왔고 7% 대 이하 성장은 25년 만에 처음이라는 점이 충격으로 다가왔다. 덩 샤오핑 중국 주석이 지난 1978년 개혁개방 정책을 시행한 후 중국 경제성장률이

7% 아래로 떨어진 것은 지난해가 두 번째였다. 첫 번째는 지난 1989년 6월 3~4일 중국 민주화 시위 때 군의 무력 진압으로 대형 유혈참사가 빚어진 텐안먼 사태 후폭풍이다. 중국은 이 사태로 1990년 성장률이 크게 떨어지는 (3.8%) 혼란을 겪은 바 있다. 하지만 이때가 정치적 문제가 개입된 국가 비상사태였다는 점을 감안하면 실질적으로 개혁개방 정책시행 후 7% 이하 성장을 한 것은 지난해가 처음이라고 봐도 된다.

중국 내에서는 물론 중국 외 지역에서 7% 성장률 붕괴를 놓고 호들갑을 떠는 것은 7% 성장률이 지닌 의미 때문이다. '7을 지킨다'는 뜻을 담고 있는 '바오치保七'는 중국에서 7%대 성장률을 의미하는 말로 통용된다. 바오치는 지난해 3월 제13기 전국인민대표대회에서 리커창 중국 총리가 7%대 국내총생산GDP 성장률 목표를 제시한 뒤 사용되기 시작했다. 당시 리 총리는 중국 경제가 더 이상 고속성장을 할 수 없다는 점을 인지하고 지속가능한 성장을 위해 양질의 중속 성장을 해야 한다는 의미에서 7%대 성장률을 제시했다. 그런데 이 같은 7% 중성장 노선을 밝혔음에도 지난해 6.9% 성장에 그치면서 중국 경제 성장세가 중국 정부가 의도하는 수준보다 더 가파르게 둔화되고 있다는 우려가 커졌다. 지난해 바오치 시대가 종언을 고하면서 중국 정부는 한발 물러서 이제 6% 성장률을 지키는 '바오류保六'시대를 준비하고 있다.

성장률이 분기마다 떨어지고 있는 점도 부담이다. 지난해 1분기와 2분기에는 각각 7.0% 성장을 유지했다. 하지만 3분기에 6.9%로 성장률이 떨어진 데 이어 4분기엔 6.8%까지 밀려났다. 올들어 성장둔화 리스크는 더욱 커

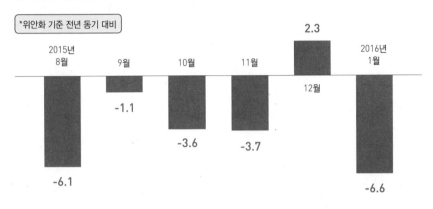

**중국 수출 증감률**  (단위: %)

*위안화 기준 전년 동기 대비

2015년 8월: -6.1
9월: -1.1
10월: -3.6
11월: -3.7
12월: 2.3
2016년 1월: -6.6

자료: 중국 해관총서

지고 있다. 2016년 1월 중국 수출은 달러화 기준으로 11.2% 큰 폭 쪼그라들었다. 전월과 비교하면 20.6% 급감한 수치다. 위안화 기준으로도 1월 수출액은 전년 같은 달에 비해 6.6% 줄었다. 2015년 12월 14개월 만에 수출 감소세에서 벗어나 증가세로 반전했지만 한 달 만에 다시 수출이 전년 동기에 비해 쪼그라드는 상황에 처했다.

## 신창타이와 경착륙 논란

중국 경제성장률이 급격히 둔화되는 데에는 몇 가지 이유가 있다. 일단 중국 정부가 과거 수출·투자 확대 등을 통해 인위적으로 고도성장을 이끌어왔지만 이 같은 성장방식이 더 이상 지속가능하지 않다는 점을 깨달았다. 때문에 성장률이 과거처럼 높지는 않지만 지속가능한 성장을 할 수 있도록 성장 패러다임을 바꾸는 실험을 진행 중이다. 현재 중국은 제조업에서 서비

누리엘 루비니 교수가 중국 경제를 진단하고 있다.

스로, 수출에서 내수 중심으로, 투자에서 소비 중심으로 경제구조를 바꿔나

가는 전환기에 놓여있다. 이를 통해 고속 성장보다는 지속가능한 중속 성장

을 하겠다는 '신창타이新常態, New Normal'를 새로운 경제성장 전략으로 내놨다.

신창타이는 새로운 기준을 의미하는 뉴노멀의 중국식 표현이다. 지난 2014

년 5월 시진핑 주석이 "개혁 개방 후 30여 년 간의 고도 성장기를 마무리 짓

고 새로운 시대로 옮겨가고 있다"며 중속 성장을 의미하는 신창타이 시대

개막을 알린 바 있다. 과거와 같은 고도성장은 포기하고 지속가능한 성장을

할 수 있도록 경제 체질을 바꾸는 게 바로 신창타이의 핵심이다. 이와 관련

해 크리스틴 라가르드 국제통화기금IMF 총재는 올해 글로벌 경제를 위협하

는 요소 중 첫 번째로 3대 전환Triple Transition 과정에 들어선 중국 경제를 꼽았

다. 중국이 제조업에서 서비스로, 수출에서 내수 중심으로, 투자에서 소비 중심으로 경제구조를 바꿔나가는 전환기에 있기 때문에 경제둔화가 불가피하다는 진단이다.

이 같은 경제 패러다임의 변화, 과잉 생산설비, 인건비 상승에 따른 제조업 경쟁력 약화, 성장 토대가 됐던 풍부한 노동력 감소 등의 악재가 겹치면서 중국 경제가 성장둔화 국면에 접어들었다는 것은 잘 알려진 내용이다. 그런데도 중국 경제 경착륙 가능성이 올해 들어 급부상하고 있는 것은 성장률 둔화 추세가 점진적인 것이 아니라 통제불능 상황으로 가속화할 수 있다는 불안감이 커졌기 때문이다.

심지어 일부 월가 금융기관들은 중국 경제가 실제로는 4~5%대 성장을 하고 있는 것으로 파악하고 있다. 민간 조사기관 미국 콘퍼런스보드는 2~3년 내에 중국 경제성장률이 3%대로 떨어질 것이라는 분석을 내놨다. 뱅크오브아메리카 메릴린치는 최악의 경우, 2016년 중국 경제성장률이 3.7%에 머물 수 있다는 보고서를 내놓기도 했다.

중국 경제가 경착륙을 피한다고 하더라도 러프랜딩<sub>Rough Landing, 거친 착륙</sub>이 불가피하다는 얘기도 나온다. 다보스포럼 현장에서 케네스 로고프 하버드대 교수는 "지난해 중국 경제가 6.9% 성장했다는 중국 정부의 발표를 믿기 힘들다"며 실제 성장률은 그보다 훨씬 낮을 것이라고 주장했다. 로고프 교수는 "중국 정부가 마술봉을 흔들듯 수출·투자 주도 경제를 갑작스레 내수중심으로 바꿀 수 있는 게 아니다"라며 "앞으로 중국 경제가 6%대 성장을 할 것이라는 것은 농담이나 마찬가지다. 중국 경제가 무리 없이 착륙하기는 힘들 것이고 잘해야 3~4% 성장할 것"이라고 주장, 암울한 비관론을 펼쳤다.

2016년 상반기에 중국을 필두로 글로벌 주식시장과 환율 변동성이 큰 폭으로 확대되는 모양새가 새로운 글로벌 경기침체 전조가 될 수 있다는 불안감과 관련, 로고프 교수는 가능성을 배제할 수 없다는 분석을 내놨다. 로고프 교수는 "그동안 글로벌 증시가 대폭락하면 열 번 중 아홉 번은 경기침체로 연결됐다"며 "올들어 중국 주식시장이 폭락하면서 새로운 글로벌 경기침체 전조가 아닌지 불안감이 커지고 있다"고 말했다.

누리엘 루비니 뉴욕스턴경영대학원 교수는 "중국 금융시장 변동성 확대와 급격한 경제둔화 가능성에 대해 전 세계가 크게 우려하고 있다"며 "성장률이 6%대 아래로 떨어지면서 중국 경제가 하드랜딩Hard Landing, 경착륙, 소프트랜딩Soft Landing, 연착륙도 아닌 러프랜딩을 할 것 같다"고 전망, 로고프 교수의 중국 경제 진단에 동의했다. 그러면서 중국 경제 러프랜딩 가능성에 글로벌 경제가 대비해야 한다고 주문했다. 루비니 교수는 "중국 경기 둔화속도가 빨라지면서 성장 모멘텀이 확 떨어진 신흥국 경제를 필두로 회복세가 취약한 유로존 경제, 기준금리 인상을 단행한 미국 경제에 부정적인 영향을 미칠 것"으로 우려했다. 투자와 수출 쌍두마차로 1981~2010년까지 30여 년간 연평균 10%대 성장률을 유지해온 중국이라는 폭주 기관차에 급브레이크가 걸리면 충격이 그만큼 커질 수밖에 없다는 게 다보스 참석자들의 진단이었다.

## 양날의 칼 공급측면 개혁

중국 경제의 발목을 잡는 내부 악재도 많지만 외부 여건도 좋지 않다. 지난해 나홀로 성장세를 지속하며 세계 경제의 희망으로 떠올랐던 미국 경제 회복세가 지난해 4분기 이후 주춤한 상태다. 지난해 말 9년 6개월 만에 단행한 기준금리 인상이 미국 경제 회복세에 찬물을 끼얹을 수 있다는 분석까지 나오고 있다. 유로존은 좀처럼 돌파구를 찾지 못한 채 플러스 성장을 유지하는데 급급한 수준이다. 일본 경제는 아베노믹스 경기부양 조치에도 불구하고 지난해 4분기에 또다시 마이너스 성장, 경기회복 여부가 여전히 미지수다. 중국 경제가 다양한 내부 악재로 흔들리는 상황에서 비빌 언덕도 찾아보기 힘든 모양새다.

수면 아래 잠복해 있던 거대 부채가 중국 경제를 폭발시키는 뇌관이 될 수 있다는 우려도 커지고 있다. 글로벌 컨설팅 업체 맥킨지에 따르면 중국 정부·기업·가계 부채는 2014년 6월 말 기준 28조 달러(3경 4,000조 원)를 찍어 국내총생산 대비 282%에 달한다. 사상 최대 규모다. 중국 경제 고도 성장기 때는 경제덩치가 기하급수적으로 커지면서 금융기관 부실채권과 가계·기업 부채가 증가하더라도 상대적으로 통제 가능했다. 하지만 성장 모멘텀이 확 꺾이면 경제규모를 키워 부채문제를 관리하는 게 어려워진다. 결국 정부·기업·가계 부채가 눈덩이처럼 확대돼 통제불능 상황으로 치달으면 중국 경제 시스템이 붕괴되는 최악의 시나리오가 현실이 될 수 있다는 진단이다.

누리엘 루비니 교수는 또 중국 경제 경쟁력을 갉아먹고 있는 생산과잉 문

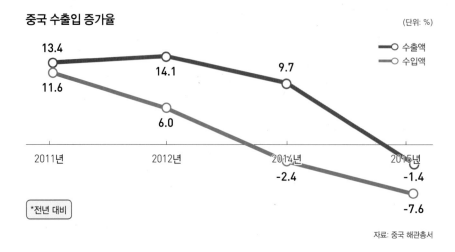

**중국 수출입 증가율**

(단위: %)

- ●─ 수출액
- ●─ 수입액

13.4

11.6

14.1

6.0

9.7

2011년　　　　　2012년　　　　　2014년　　　　　2015년

-2.4

-1.4

-7.6

*전년 대비

자료: 중국 해관총서

제를 해결하기 위해 중국의 공급측면 구조조정이 시급하다고 지적했다. 미국은 자동차 회사가 3개지만 중국은 150개에 달한다. 철강 생산이 넘쳐나면서 매년 남아도는 철강만 수억 톤에 달하는 게 생산과잉의 늪에 빠진 중국의 현주소다. 경쟁력 부족으로 돈을 벌지 못하지만 정부 지원으로 명맥을 유지하고 있는 좀비기업과 생산성이 떨어지는 국영기업들을 퇴출시키는 게 중국 경제의 지속가능한 발전을 위해 꼭 필요하다는 진단이다.

이처럼 과잉생산설비 축소가 발등에 떨어진 불인데도 공급측면 개혁이 쉽지 않은 게 사실이다. 공급측면 개혁이 좀비기업 파산과 기업합병 등 강력한 구조조정으로 연결되면 대규모 인력감축이 뒤따를 수밖에 없기 때문이다. 대규모 실업자 발생으로 실업률이 급격히 상승하면 사회 불안정으로 이어질 수 있다. 이는 중국 정부가 가장 원치 않는 시나리오다. 중국 정부가

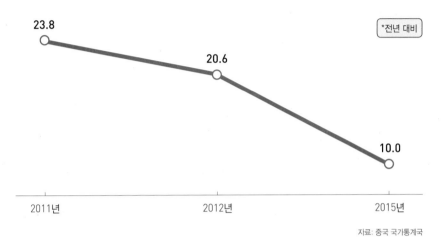

**중국 고정자산투자 증감률**  (단위: %)

*전년 대비

23.8

20.6

10.0

2011년    2012년    2015년

자료: 중국 국가통계국

올해 최대 국정과제 중 하나로 철강, 조선 등 대표 과잉설비업종 내 좀비기업 정리를 통한 공급측면 개혁을 야심차게 들고 나왔지만 실행 여부에 대해 우려 섞인 진단이 지속적으로 나오는 배경이다.

이와 관련해 루비니 교수는 "과거 중국은 재정정책을 통해 시장수요를 늘리고 시장에 유동성을 공급했지만 이제는 중국에 사회안전망을 만드는 재정정책이 필요하다"고 강조했다. 사회안전망을 갖춰 놓지 않으면 사람들이 구조조정을 쉽게 받아들이지 않기 때문이다. 물론 구조조정이 만병통치약은 아니다. 지속가능한 성장을 위해서 구조조정은 꼭 필요하지만 공급측면 구조조정이 단기적으로 경기위축을 가져올 수 있다. 구조조정 과정에서 일시적으로 해고가 급증하고 과잉설비 조정 소용돌이에 기업들이 투자를 꺼릴 수 있기 때문이다.

## 중국 정부 신뢰 절벽

시진핑 주석의 반反부패 드라이브도 방향 자체는 맞지만 중국 경기 둔화 국면에서 경제를 더욱 옥죄는 부작용을 만들어내고 있다는 진단이 다보스 현장에서 적지 않게 나왔다. 내수확대에 무게중심을 둔 대대적인 경제구조 개편 작업을 벌이는 와중에 강력한 반부패 개혁조치를 펼치면서 오히려 내수를 쪼그라뜨리는 엇박자가 나타나고 있다는 지적이 많았다. 시 주석이 반부패드라이브를 강화하면 강화할수록 내수 띄우기 효과가 반감될 수밖에 없다는 얘기다. 다보스포럼 참석자들은 중국 정부 위기관리 능력에 대한 의구심도 내비쳤다. 오랫동안 시장은 중국 정부가 일사불란한 리더십과 강력한 통제력으로 경제상황을 조절할 수 있다고 믿었다. 경착륙 논란도 중국 정부가 다양한 정책수단을 동원해 불식시켜줄 수 있을 것이라는 무한신뢰를 보내왔다. 하지만 이 같은 무한신뢰에 균열이 나타나기 시작했다. 지난해 리커창 총리 등 경제 관료들은 하반기에 중국 경제가 회복될 것으로 자신했다. 하지만 뚜껑을 열고 보니 중국 경제는 바오치 시대 마감이라는 충격적인 결말을 맞았다.

환율정책이 오락가락하면서 위안화 통화가치도 불안한 행보를 거듭하고 있다. 중국 정부는 제조업 경기가 급격하게 위축되면서 경제가 급하게 꺾이는 모습을 보이자 당혹감 속에 수출경기 회복을 위해 위안화 절하를 용인하는 듯한 모습을 보였다. 중국 중앙은행인 인민은행이 지난해 말부터 올해 초까지 8일 연속 위안화를 절하하자 시장은 이를 명백한 위안화 절하 용인 신호로 해석했다. 시장에서 위안화 투매가 일어났고 이후 위안화는 날개 없는 추락을 거듭했다. 위안화 가치 급락으로 대규모 자본유출 불안감이 커지자 통화당국은 위안화 절하를 용인하는 듯 했던 자세에서 180도 돌아서 다시 위안화를 사들이며 위안화 하락을 방어하는 모습을 보였다. 중국 통화당국이 위안화 가치 통제력을 상실하는 등 환율정책 난맥상을 드러냈다는 비판이 시장에서 불거진 배경이다.

이와 관련해 로고프 교수는 "중국 경제의 가장 큰 문제는 중국정책 당국이 통제 불가능한 이슈를 통제하려고 하면서 스스로 펀더멘털을 훼손하고 시장신뢰를 잃고 있는 점"이라고 지적했다. 닥터둠 누리엘 루비니 뉴욕스턴경영대학원 교수도 "중국 경제 경착륙 우려 속에 투자 심리가 얼어붙으면서 시장이 민감하게 반응하고 있다"며 "중국이 경제 성장세를 유지하려면 먼저 정책 신뢰부터 쌓아 올려야 한다"고 주문했다.

중국 경제가 휘청거리면 일단 중국 수출에 목을 매는 많은 신흥국 경제에 비상이 걸린다. 최대 수출시장인 중국 경제가 침체하면 수출이 급감할 수밖에 없기 때문이다. 한국의 수출 1위 시장인 중국 경제 침체는 한국 경제에도 심각한 위협이 된다.

중국 경제의 급격한 둔화는 원자재 시장 침체로 연결된다. 원자재 블랙홀 역할을 하던 중국 경제엔진이 덜컹거리면서 원자재 수요는 급감하고 있다. 수요 감소는 곧바로 가격하락으로 연결된다. 대표적인 원자재인 원유가격 급락은 공급과잉도 있지만 중국 경제 둔화 등으로 인한 수요감소 영향도 크다. 결국 원자재를 수출하는 원자재 수출국 경제가 충격을 받을 수 밖에 없다. 배럴당 원유가격이 13년 만에 처음으로 30달러 선 아래로 떨어져 생수 값보다 저렴해지면서 산유국들은 오일머니가 말라붙어 비상상태다. 재정이 바닥을 드러내면서 페트로파워 국가들이 대부분 디폴트Default, 도산 위기에 직면해 있다. 저유가 쇼크 장기화 등 원자재시장 붕괴 조짐이 가시화하고 있는 배경에 중국 경제 둔화가 자리 잡고 있다는 설명이다.

신흥국 경제 몰락은 선진국 경제 회생에도 치명타다. 중국 경제 경착륙이라는 최악의 시나리오가 현실이 되면 2008년 9월 미국발 글로벌 금융위기 충격을 훌쩍 넘어서는 메가톤급 악재가 될 것이라는 불안감이 팽배하다. 전 세계 경제가 그동안 부지불식간에 중국 경제에 그만큼 크게 의존하고 있었다는 뒤늦은 각성이 나오는 배경이다.

## 중국 경제 파국은 없다

중국 성장 둔화에 따른 변동성 확대로 글로벌 금융시장이 살얼음판을 걷듯 아슬아슬한 줄타기를 올해 내내 지속할 것이라는 점에 다보스포럼 참석자들은 대체적으로 동의했다. 그러면서도 중국 경제가 파국으로 내몰리지는 않을 것으로 진단했다. 올들어 글로벌 시장 변동성을 확 키운 중국 경제 둔화세가 걱정스럽기는 하지만 관리 가능한 수준이라는 진단이다. 크리스틴 라가르드 IMF 총재는 "중국 경제 경착륙 공포감이 있지만 다보스에 모인 거의 대부분의 글로벌 리더들은 중국 경제 경착륙은 없을 것으로 보고 있다"며 "중국 경제가 경착륙하기보다는 지속가능한 성장세로 진화하는 모습을 보일 것"이라고 강조했다. 그러면서 라가르드 총재는 최근 요동을 치고 있는 중국 금융시장 변동성에 과민반응을 보일 필요는 없다고 강조했

크리스틴 라가르드 IMF 총재가 중국 경제 경착륙에 대한 입장을 밝히고 있다.

다. 라가르드 총재는 "어느정도 변동성은 시장경제에서 당연한 것"이라며 "연초부터 중국 금융시장 변동성이 크게 확대되고 있지만 과민반응을 보이지 말아야 한다"고 주문했다. 라가르드 총재는 "올해 중국 경제성장률을 6.5%로 전망한다"며 "전환기에 있는 중국 경제는 관리가능한 수준"이라고 강조했다.

카를로스 곤 르노닛산얼라이언스 회장은 "다들 중국 경제 성장둔화를 우려하고 있지만 사실 성장률이 상대적으로 느려진 것일뿐 절대적 기준에서 보면 많이 성장하고 있는 것"이라고 강조했다. 주민 IMF 부총재는 "중국 경제가 심각한 상황이기는 하지만 붕괴를 논하는 것은 침소봉대"라며 "연초 중국 주식시장이 폭락한 것은 시장붕괴Meltdown가 아니라 자연스러운 조정과정"이라고 강조했다. 중국 경제 비관론을 펼치고 있는 로고프 교수도 "중국 경기 둔화가 심각한 수준이이어서 중국 경제 의존도가 큰 한국 등 신흥국이 큰 충격을 받을 수 있다"면서도 "그렇다고 세상이 종언을 고하는 것은 아니다"고 진단, 극단적인 비관론에서는 한발 비껴났다.

존 다닐로비치 국제상공회의소<sub>International Chamber of Commerce</sub> 회장은 "중국이 올해 글로벌 경제와 기업들에게 가장 큰 걱정거리"라면서도 "동시에 모든 사람들의 투자리스트에 올라있는 국가"라는 점에 방점을 찍었다. 중국 경기 둔화에도 중국과 미국은 기업들이 일반적으로 성장을 위해 가장 먼저 찾는 국가들이라는 설명이다.

글로벌 금융사 크레디트스위스의 티잔 티엄 최고경영자<sub>CEO</sub>는 "중국 경제 둔화, 원자재 가격 급락에 따른 전 세계 경기 침체 불안감, 시장 유동성 감소 때문에 올해 글로벌 금융시장이 사상 최악의 출발을 보였다"고 진단했다. 티엄 CEO는 "지난해 중국 경제성장률이 25년래 최저치인 6.9%로 발표됐는데 이것조차 의심하는 시각이 있을 정도"라며 중국 경제에 대해 비판적인 시각이 넘쳐나고 있음을 인정했다. 그러면서도 티엄 CEO는 "시장이 중국 상황에 과민반응을 보이고 있다고 본다"며 "중국 경제는 결국 연착륙을 할 것"이라고 낙관했다. 연초 유가급락 추세도 수요감소보다는 주로 공급 과잉때문이라는 분석도 내놨다. 티엄 CEO는 "전 세계 50억 인구가 석유 수입국에 살고 있다"며 "저유가로 가처분소득이 늘어나면서 가계수요 확대에 도움을 줄 것"으로 봤다.

구로다 하루히코 일본은행 총재는 "요동치는 금융시장 상황이 시사 하는 것처럼 글로벌 경제 비관론에 동의하지 않는다"며 "중국 경제가 가파르게 둔화되거나 경착륙 상황에 직면할 것으로 보지 않는다"고 잘라 말했다.

글로벌 컨설팅사 맥킨지의 도미니크 바튼 회장은 가파른 경기둔화 위기에 직면한 중국 경제에 대해 긍정론을 펼쳤다. 중국 경제 비관론이 팽배한 상황에서 다소 도발적인 주장을 펼친 셈이다. 바튼 회장은 "과도하게 커진 시장 변동성이 다소 걱정스럽기는 하지만 중국 경제가 심각한 문제Deep Trouble에 빠져있다고 보지 않는다"고 강조했다. 바튼 회장은 "위기에 대처할 정책 수단을 갖고 있는데다 유능한 테크노크라트(기술관료)들이 필요할 경우, 곧바로 조치를 취할 것"이라며 "중국 경제 덩치가 커졌기 때문에 8% 성장까지는 아니더라도 중국 경제가 6%대 성장을 유지할 것으로 본다"고 말했다. 바튼 회장은 또 "출렁거리는 중국 금융시장에 너무 초점을 맞출 필요는 없다"며 "상반기 중국 증시 급락세는 지난 1년 6개월간 증시가 과도하게 오른데 따른 정상화 과정인데다 중국 자산의 불과 1.5% 정도만 주식에 투자된 상태"라고 설명했다. 유가하락으로 연간 3,200억 달러의 돈을 절약할 수 있다는 점에서 저유가는 중국 경제에 커다란 호재라고 덧붙였다. 다만 바튼 회장은 "부채더미에 짓눌린 중국 국영기업(SOE) 구조조정 과정에서 대규모 해고사태가 불가피해 고용시장에 충격을 줄 수 있다는 점은 도전이 될 것"으로 내다봤다.

게리 콘 골드만삭스 사장은 "어떤 나라든 경제조정은 어렵다. 특히 디지털 시대에 실시간으로 시장상황을 모두가 지켜보는 가운데 경제구조조정이 이뤄지고 있다"며 그만큼 중국경기 둔화에 시장반응이 더 크게 나타날 수밖에 없는 시장환경을 설명했다. 그러면서 콘 사장은 "중국 당국이 급속한 경기둔화를 막기 위해 위안화 추가절하에 나설 것"이라면서도 "투자에서 내수경제로의 전환은 중국 정부 경제성장 통제력이 떨어진다는 것을 의미한다"고 강조했다.

다보스포럼에 참석한 중국 측 인사들은 중국 경제가 시장자유화를 확대하고 내수중심 경제로 이동하면서 일련의 전환기적 혼란을 겪고 있을뿐 탈선은 없다는데 방점을 찍었다. 포럼에 참석한 팡 싱하이 시진핑 주석 경제자문관은 "(최근 급격히 커진 시장 변동성과 관련해)시장과 소통을 완벽하게 하기 아주 어렵다는 점에서 인내심을 발휘할 필요가 있다"며 "중국 개혁정책은 탈선하지 않고 정상적으로 유지되고 있다"고 진단, 연초 시장 혼란은 일시적이라는 점을 강조했다.

CHAPTER 2

# 요동치는 위안화

## 위안화발 중국 경제 위기

다보스포럼 참석자들이 바라볼 때 2016년 상반기 중국 주식시장은 혼란의 연속이었다. 2016년 첫장이 열린 지난 1월 4일과 7일 중국 상하이, 선전 거래소는 정책 당국의 노골적인 증시 떠받치기에도 불구하고 개장 직후 조기 폐장하는 사상 초유의 사태를 맞았다. 장을 시작하자마자 폭락세를 거듭하면서 사상 처음으로 첫 서킷브레이커Circuit Breakers, 매매 중지가 발동됐기 때문이다. 상하이와 선전 거래소는 시장이 패닉사태에 빠지는 것을 막고 투매를 진정시킨다는 의도에서 올해 처음으로 서킷브레이커 제도를 도입했다. 그런데 제도를 도입한 첫날 서킷브레이커가 발동됐고 서킷브레이커 발동 후 오히려 시장공포감이 더 확산됐다. 주가가 추가로 더 떨어졌고 결국 시장이 개장 30여 분 만에 문을 닫는 당혹스런 상황이 연출됐다. 중국 당국이 도입한 서킷브레이커는 지수가 ±5% 급등락할 때 15분간 거래를 중단하고, 변동폭이 ±7% 이상이면 시장을 조기 폐장하도록 했다. 제도를 도입하자마자 서킷브레이커가 발동하고 조기 폐장 사태가 빚어지면서 글로벌 금융시장은 요동을 쳤고 중국발 글로벌 경제위기가 초래되는 것 아니냐는 공황심리가 팽배해졌다. 시장 불안을 더 키운다는 이유로 서킷브레이커 제도는 곧바로 폐지됐다.

실물경제의 거울이라는 중국 주식시장이 폭락한 배경에는 중국 경제 경착륙 우려감 속에 위안화 가치 폭락이 겹쳐졌기 때문이다. 중국 인민은행은 2015년 12월 26일부터 올초까지 8거래일 연속 위안화를 절하시키는 이례적인 조치를 취했다. 2015년 한 해 동안 위안화는 4.5% 절하돼 연간 기준으로 21년 만에 최대 낙폭을 기록했다. 그런데 2016년 들어서도 중국 정부 당국이 위안화 가치 하락을 용인하는 모습을 보이자 위안화 값은 2011년 3월 이후 5년래 가장 낮은 수준으로 곤두박질쳤다. 위안화 약세가 중국 제조업 수출경쟁력을 높여준다는 점에서 중국 경제에 긍정적이지만 위안화 폭락은 중국 경제 전반에 충격을 줬다. 위안화의 가파른 하락세가 중국 경제 경착륙 전조라는 공포감이 급속히 확산됐기 때문이다. 시장은 위안화 가치 급락을 중국경제 이상신호로 받아들였다. 얼마나 경기후퇴가 심각하면 중국 정부가 수출기업 경쟁력 강화를 위해 위안화 절하카드를 선택했겠느냐는 해석이 나왔기 때문이다. 위안화 가치 급락세가 지속돼 올해에만 달러대비 위안화 가치가 10%이상 급락, 1달러 7위안 시대를 맞을 수 있다는 예상까지 나왔다. 이정도로 위안화 가치가 무너지면 대규모 자본이 중국에서 탈출할 것이라는 뭉칫돈 유출설까지 겹쳐지면서 중국 경제 붕괴우려가 확산됐고 중국주식 투매현상으로 연결됐다.

**속락하는 위안화 가치**

(단위: 달러당 위안화)

6.4931

6.5796

6.4800

6.5200

6.5600

6.6000

2016년 1월 1일          2016년 1월 26일

점진적인 위안화 약세를 노렸던 중국 정부에게 위안화의 날개 없는 추락은 발등에 떨어진 불이 됐다. 인민은행이 위안화 절하 용인의사가 없다고 밝히고 위안화 급락 이유가 없다고 강변했지만 한번 하락 쪽으로 방향을 잡은 위안화 하락세가 지속되면서 중국 증시는 대폭락 사태를 맞았다. 중국 주식시장 급락세가 글로벌 금융시장으로 전염되면서 글로벌 경제는 중국발 글로벌 금융위기 발발 공포에 빠져들었다. 다보스포럼 참석자들은 미국 금리인상 추세에 따른 달러자산 매력 확대, 중국 경제 성장 모멘텀 둔화, 위안화 약세에 따른 자본유출 압력이 더해지면서 2016년 내내 위안화가 하방압력을 받고 변동성도 롤러코스터를 타듯 커질 것으로 우려했다. 중국 경제 최대 위기가 위안화의 급격한 절하와 대규모 자본유출이 될 수 있다는 진단이다.

## 위안화 달러페그제와 통화바스켓

위안화 약세는 묵시적으로 중국 정부가 원했던 것이다. 중국 정부가 고성장에서 중속 성장으로 정책 방향을 바꾸면서 제조업에서 내수로의 전환을 유도하고 있지만 그렇다고 제조업이 고꾸라지도록 방치할 수는 없기 때문이다. 점진적인 경기둔화는 수용할 수 있지만 경기가 가파르게 하락세로 빠져드는 것을 원치도 않는다. 수억 명의 농민공들의 일자리가 날아갈 수 있기 때문이다. 중국에서의 일자리 급감은 사회적 불안을 키워 정권유지에도 악영향을 미치게 된다. 때문에 위안화 절하를 통해 제조업이 경쟁력을 잃지 않도록 배려하는 게 정책적으로 필요하다. 중국 정부가 위안화 절하를 용인하는 듯한 조치를 잇달아 내놓은 것은 이 때문이다.

2015년 말 이후 연이어 중국 위안화 고시환율을 떨어뜨린데 이어 중국 인민은행은 위안화 환율을 결정할 때 기존 달러페그제Dollar Peg System 외에 다른 주요국 통화가치를 종합적으로 계산해 이를 기준으로 위안화 가치를 결정하는 통화바스켓 환율 시스템 도입을 검토한다고 발표했다. 달러페그제란 자국 통화가치를 달러화 대비 일정한 범위 안에서만 움직이도록 묶어둔 환율제도다. '페그Peg'라는 것은 무엇인가를 고정할 때 사용하는 못 같은 것을 의미하는 단어다. 자국 통화가치를 일정 수준으로 고정시켜놓은 고정환율제도Fixed Exchange Rate System와 통화에 대한 시장수급에 따라 통화가치가 결정되는 변동환율제도Floating Exchange Rate System 중간 정도로 보면 된다. 달러페그제를 시행하면 환율변동 불확실성이 제거돼 환위험이 완화되기 때문에 무역과 외국인 투자가 원활해진다. 하지만 자국 경제 펀더멘털과는 상관없이 페그 대상인 상대방 통화가치에 의해 자국 통화가치가 결정되는 단점이 있다. 달러가 초강세로 가는 경우, 자국 통화가치도 강세로 가게 돼 수출경쟁력에

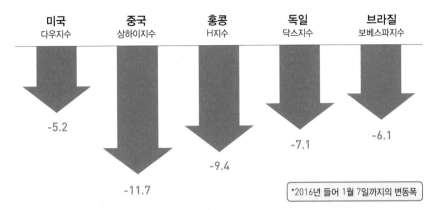

**2016년 연초 주요 증시 하락률** (단위: %)

| 미국<br>다우지수 | 중국<br>상하이지수 | 홍콩<br>H지수 | 독일<br>닥스지수 | 브라질<br>보베스파지수 |
|:---:|:---:|:---:|:---:|:---:|
| -5.2 | -11.7 | -9.4 | -7.1 | -6.1 |

*2016년 들어 1월 7일까지의 변동폭

악영향을 받을 수 있다. 또 통화가치가 정상적인 수준보다 높게 형성될 경우, 국제 환투기 세력의 공격을 받아 외환위기에 처할 수도 있다. 홍콩도 중국처럼 지난 1983년부터 홍콩달러 가치를 달러당 7.75~7.85 홍콩달러 밴드 안에 놓는 달러페그제를 시행하고 있다.

반면 통화바스켓은 달러 외에 유로, 엔, 위안 등 다양한 구성통화를 꾸려 가중치를 둬 계산한 뒤 기준환율을 정하는 방식이다. IMF 특별인출권SDR은 통화바스켓의 대표적 형태다. 지난 1981년 SDR은 미국, 당시 서독, 일본, 프랑스, 영국 5개국 통화를 기준으로 가치가 결정됐지만 2016년 10월부터 위안화가 SDR 바스켓 통화에 포함된다. 한 가지 통화가 아니라 다양한 통화를 기준으로 하는 만큼 환율 안정성을 키울 수 있다.

중국이 그동안 신주단지처럼 여기던 달러페그제 대신 통화바스켓을 들고 나온 데는 그만한 이유가 있다. 2015년 말 미국이 기준금리 인상에 나섰고 2016년 금리 추가 인상 가능성이 높다. 돈의 값인 금리가 상승하면 달러 강세로 연결될 수밖에 없다. 위안화 환율을 강달러에만 연동시킬 경우, 신흥국 통화 대비 위안화 강세가 진행돼 중국 제조업체들은 수출경쟁력 약화라는 타격을 받게 된다. 대신 달러페그제에서 통화바스켓으로 무게중심을 옮기면 중국 당국은 달러와 위안화간 연결고리를 느슨하게 풀어 달러 강세에 따른 위안화 절상 압력을 낮출 수 있다, 통화바스켓에 연동해 위안화 가치를 결정하면 과도한 위안화 강세를 사전에 차단, 수출경쟁력을 확보할 수 있다는 논리다. 중국 통화당국의 통화바스켓 제도 도입 검토를 위안화 약세를 유도하기 위한 사전포석으로 보는 이유다. 실제로 위안화 가치 급등락 방지차원에서 케네스 로고프 하버드대 교수는 "달러, 유로, 엔화 등 주요 통화가치에 가중치를 부여한 통화바스켓 연동제를 도입해 환율 투명성을 높인다면 시장도 위안화를 신뢰하게 될 것"이라고 강조했다. 다보스포럼 현장에서 만난 컨설팅회사 호라시스의 프랭크 리히터 회장도 위안화 달러페그제와 관련, "중국 정부가 달러페그제를 폐기하겠지만 시장 변동성이 커진 상반기는 아니고 시장 통제가 가능해질 때 폐지에 나설 것"이라며 "페그제 시행 때는 통화불확실성이 없었지만 앞으로는 위안화 불확실성과 변동성 확대에 기업들이 적응해야 한다"고 주문했다.

중국 정부는 13개 주요 교역대상국 통화로 구성된 위안화 통화바스켓 지수를 위안화 가치 변동을 판단하는 참고지표로 삼을 방침이다. 중국외환거래시스템CFETS에 따르면 각국 통화의 통화바스켓 비중은 달러 26.4%, 유로 21.4%, 엔화 14.7% 등이다.

## 위안화 공격하는 환투기 세력과의 전쟁

이처럼 제조업 수출경쟁력 강화를 위해 완만한 위안화 가치 하락은 중국 정부 이해에 부합한다. 그런데 중국 통화당국이 위안화 약세를 용인했다는 분위기 속에 위안화 가치 하락폭이 가팔라지면서 문제가 발생했다. 위안화가 중국 당국이 용인하는 수준보다 더 빠른 속도로 급락하면서 중국 경제 위기론이 팽배해지고 대규모 자본 유출사태까지 빚어지고 있기 때문이다. 위안화 약세에 내심 환호했던 중국 통화당국이 당혹감에 빠진 이유다. 위안화의 날개 없는 추락을 막기 위해 중국 정부가 위안화 약세 용인은 없다고 뒤늦게 발표했지만 위안화 역외환율이 통제불능 상황으로 고꾸라졌다. 이 때문에 다시 중국 경제 위기설이 확산되고 글로벌 금융시장까지 패닉 상황에 빠졌다. 이때 사태 수습에 여념이 없던 중국 통화당국 레이더망에 다보스포럼에 참석한 조지 소로스 소로스펀드 회장이 한 발언이 걸려들었다.

다보스포럼 단골 참석자인 소로스 회장은 포럼 현장에서 "최근 글로벌 경제상황이 지난 2008년 글로벌 금융위기를 닮았다"며 "중국 경제가 경착륙을 피할 수 없고 이 때문에 글로벌 경제 디플레이션이 촉발될 것"이라고 도발했다. 그러면서 소로스 회장은 "미국 주식과 아시아 국가 화폐를 공매도했다"고 덧붙였다. 소로스 회장이 구체적으로 어떤 아시아 통화를 공매도했는지 밝히지 않았지만 시장은 소로스 회장이 위안화와 홍콩달러를 우회적으로 지목한 것으로 해석했다. 소로스 회장 발언 직후 그렇지 않아도 하방압력에 놓여있던 위안화와 홍콩달러는 투매사태가 발생하면서 바닥으로 떨어지기 시작했다. 이에 발끈한 중국 정부는 곧바로 소로스 회장을 환투기세력 괴수로 규정했고 환투기세력과의 전면전을 선언하고 나섰다. 연초 위안화와 홍콩달러 가치 급락사태가 소로스 회장의 계획적인 공매도에서 비롯됐다는 게 중국 통화당국의 인식이다. 지난 1997~1998년 말레이시아 링깃화 폭락으로 IMF 외환위기를 겪었던 모하메드 마하티르 당시 말레이시아 총리가 "소로스 회장의 외환투기가 건실한 동남아 경제기반을 거덜내고 있다"며 맹비난했던 상황과 엇비슷한 모양새다. 당시 마하티르 총리는 소로스를 '자본주의 악마'로 규정, 소로스를 필두로 한 국제 환투기세력이 외환위기 원흉이라고 비난한 뒤 투기세력에 타격을 주기위해 강력한 자본통제에 나선 바 있다. 외환거래를 엄격하게 제한함으로써 마하티르 총리는 투기세력의 위세를 꺾기는 했지만 자본통제 후폭풍으로 국제 외환시장에서 말레이시아 신인도가 떨어지는 아픔을 겪었다.

중국 정부가 소로스 회장에 민감하게 반응한 것은 글로벌 금융시장을 쥐락펴락하는 소로스 회장의 영향력 때문이다. 소로스 회장이 위안화와 홍콩달러를 대상으로 공매도 분위기를 잡는 것 자체가 다른 투기세력들을 위안화, 홍콩달러 공격에 끌어들이는 촉매가 될 수 있다. 글로벌 투기세력들이 합심해 소로스 회장을 따라 위안화 추가하락에 공격적인 베팅을 할 경우, 중국 위안화 가치가 추가 급락하고 자본유출이 더 거세지는 등 중국 정부가 심각한 환율변동성과 자금이탈 몸살을 앓을 수밖에 없다. 실제로 지난 1992년 소로스 회장이 영란은행을 상대로 영국 파운드화 공격에 나섰을 때도 소로스 회장이 "파운드화 가치가 계속해서 날개 없는 추락을 할 것"이라며 글로벌 투기세력의 파운드화 공격 동참을 이끌어내 한 달 만에 15억 달러라는 천문학적인 환차익을 올린 바 있다. 소로스 회장은 영란은행을 무너뜨린 인물로 전 세계적인 명성을 떨쳤다. 소로스 회장의 이 같은 환공격 행태에 대해 잘 알고 있는 중국 정부가 관영매체 등을 통해 소로스 등의 투기세력에 전면전을 선포한 것이다.

이처럼 중국 당국이 투기 자본과의 전면전을 선언했지만 월가 헤지펀드 거물들은 2016년 상반기 중 경쟁하듯 위안화 약세에 베팅했다. 헤이먼캐피털매니지먼트 창업주 카일 배스는 향후 3년 내 위안화 가치가 40% 폭락할 것이라며 위안화와 홍콩달러 공매도 펀드를 만들었다. 지난 1992년 소로스 회장과 함께 영란은행을 무너뜨렸던 억만장자 트레이더 스탠리 드러켄밀러, 3조 원 대 연봉을 받아 헤지펀드 업계에서 3조 원의 사나이로 불리는 데이비드 테퍼 아팔루사매니지먼트 창업자, 그린라이트캐피탈의 데이비드 아인혼도 위안화 매도에 합류했다. 중국 경기 하강과 위안화 가치 하락을 예상하는 투기자본들이 잇따라 위안화 약세 베팅에 나서면서 중국 당국이 당혹스런 상황에 처하게 됐다.

로고프 교수는 "위안화를 시장수급에 맡겨 변동환율제로 이행하는 것은 경제가 강할 때 해야지 약할 때 하면 가파른 통화가치 하락으로 연결될 수밖에 없다"며 "이미 주사위가 던져진 상태에서 가파른 위안화 가치 방어를 위해 외환보유액을 소진하는 것은 바보 같은 짓"이라고 지적했다. 그러면서 로고프 교수는 "환율을 방어하려고 시도하면 할수록 모든 것을 잃을 것"이라며 "위안화 하방압력이 커진다면 그대로 절하되도록 놔둬야 한다"고 강조했다. 위안화가 시장환율에 맞춰 떨어지도록 두면 당장 자본유출 가능성이 커지겠지만 결국 시장수급을 통해 안정을 찾게 된다는 설명이다.

## 외환보유고 급감

중국 정부는 투기자본 공격에 맞서 시장에서 달러를 팔고 위안화를 사들이는 적극적인 시장개입을 통해 과도한 위안화 가치하락 방어에 나섰다. 그런데 이 과정에서 세계 최대 규모를 자랑하는 중국 외환보유고가 급감하고 있다. 중국 외환보유액은 2016년 1월말 기준 지난 3개월간 월 평균 1,000억 달러씩 줄어들었다. 지난 1월말 중국 외환보유고는 전월 대비 995억 달러 급감한 3조 2,300억 달러(3,870조 원)를 기록하고 있다. 절대치로만 보면 천문학적 규모지만 4조 달러에 육박했던 지난 2014년 6월과 비교하면 7,600억 달러 가까이 큰 폭 줄어들어든 상태다. 투기자본의 위안화 공격이 계속되는 한 중국 통화당국의 외환시장 개입이 지속될 수밖에 없고 위안화 약세 불안감과 중국 경기둔화 우려감 속에 자본 유출속도도 빨라질 것으로 보여 외환보유고 감소세는 계속될 것이라는 게 다보스포럼 참석자들의 전망이었다.

중국 통화당국이 외환보유액을 가지고 위안화의 과도한 가치 하락 방어에 나설 경우, 외환보유고 심리적 지지선인 3조 달러가 붕괴될 수도 있다는 전망까지 나오면서 위안화 방어에 비상등이 켜졌다는 분석도 적지 않다. 실제로 소시에테제네랄sg은 자산전략보고서를 통해 "위안화 가치가 달러당 7.50위안까지 추락하면 간접투자를 제외하고 위안화 표시자산 투자 비중을 제로(0)로 가져가라"고 투자자들에게 조언하고 있다. 심각한 환차손이

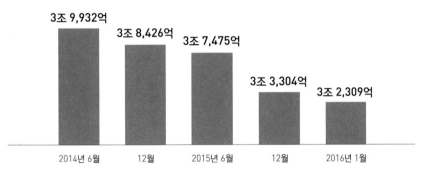

중국 외환보유액　　　　　　　　　　　　　　　　　　　　　(단위: 달러)

3조 9,932억　3조 8,426억　3조 7,475억　3조 3,304억　3조 2,309억

2014년 6월　　12월　　2015년 6월　　12월　　2016년 1월

자료: 인민은행

우려되기 때문에 위안화 표시 자산에 대한 투자를 아예 중단하라는 얘기다. 7.50위안은 2016년 2월말 기준 위안화 가치 대비 20% 가까이 낮은 수치다.

## 중국 경제 아킬레스건 자본 유출

자본유출도 큰 걱정이다. 미국 기준금리 인상으로 달러화 자산에 대한 투자매력이 커지면서 글로벌 투자자들의 뭉칫돈이 중국에서 대거 탈출하고 있다. 중국 위안화 가치 하락에 대한 염려가 커지면서 중국 큰손들도 해외로 재산을 빼돌리고 있다. 해외부동산에 투자하거나 해외에서 법인을 사는 것은 물론 친구와 친척들을 동원해 1인 외환 송출한도인 5만 달러(6,000만 원)씩 해외에 송금하는 편법을 통해 위안화를 달러화로 바꾸고 있다.

국제금융협회IIF에 따르면 이처럼 외환방어와 자본유출로 인해 2016년 1월 한 달간 중국에서 빠져나간 돈만 1,130억 달러(135조 원)에 달하는 것으로 추정되고 있다. 이로서 22개월 연속 자본 순유출 기록을 이어가게 됐다. 지난해 12월에도 1,080억 달러의 돈이 중국에서 해외로 이탈한 것으로 나타났다. 2015년 중국에서 순유출된 자금만 4,630억~6,370억 달러에 달할 것으로 IIF는 집계했다.

자본유출 속도가 현 수준으로 지속될 경우, 위안화 방어가 힘들어질 것이라는 진단이다. 소시에떼제너럴은 국제통화기금의 적정 외환보유액 계산 방식을 적용, 중국이 외환위기에 직면할 경우 이를 극복하기 위해 꼭 보유해야 할 외환보유액 수준을 2조 7,500억 달러로 추정했다. 1월말 3조 2,000억 달러 수준인 중국 외환보유액을 위안화 방어에 소진, 2조 8,000억 달러까지 외환보유액이 쪼그라들면 인민은행의 외환방어 능력에 의구심이 커지면서 투기적 매도세가 쓰나미처럼 몰려올 수 있다는 경고다. 위안화 매도세가 통제불능 상황으로 확대돼 위안화가 브레이크 없는 추락을 거듭하면 인민은행이 결국 위안화 방어를 포기하고 시장에 환율을 맡기는 변동환율제를 도입할 수 있다는 분석도 나오고 있다.

위안화 평가절하 추세에 대해 누리엘 루비니 교수는 "중국은 수출이 수입보다 많은 국가이고 위안화가 국제통화기금 특별인출권 통화바스켓에 들어가 있다"며 "가파른 평가절하추세가 계속 지속되기는 어렵다"고 봤다.

세계최대 헤지펀드 브릿지워터어소시에이츠의 레이 달리오 설립자 겸 회장은 "현재 중국은 물론 전 세계적으로 통화정책 효율성이 크게 떨어진 게 문제"라며 "결국 중국 정부가 경제 성장 모멘텀을 살리기 위해 환율에 손을 대면서 위안화 가치가 평가절하되고 다른 나라들도 자국 통화가치를 떨어뜨리는 통화전쟁이 벌어질 가능성이 크다"고 경계했다. 그러면서 중국 경제의 전환기적 통증이 앞으로 2~3년간 지속될 것으로 봤다.

## 중국 소로스에 굴복할까

그렇다면 소로스 회장이 과거 영란은행을 무너뜨린 것처럼 중국 정부와의 위안화 전쟁에서 승리할 수 있을까. 이와 관련해 다보스포럼 현장에서는 쉽지 않을 것이라는 분석이 우세했다. 일단 지난해부터 중국에서 대규모 자본유출이 지속되고 있지만 중국은 여전히 3조 달러를 훌쩍 넘어서는 세계 최대 규모의 외환을 보유하고 있다. 또 중국 외환시장이 많이 개방됐다고는 하지만 여전히 선진시장에 비해 폐쇄적이다. 그만큼 투기세력이 쉽게 들어와 휘젓고 다니기가 어렵다. 이전에 소로스 회장이 상대했던 영국은 물론이고 말레이시아, 태국도 동남아 시장에서는 금융시장 개방도가 상대적으로 높은 지역이었다.

중국 당국의 시장 통제력도 여전하다. 여차하면 강력한 자본통제 수단을 동원해 투기세력 입지를 약화시킬 수 있다. 실제로 지난 1998년 소로스 회장은 홍콩달러를 공격했다가 통화당국의 초강경 대응 때문에 큰 손실을 본 바 있다. 당시 IMF 외환위기로 아시아 금융시장이 대혼란에 빠져있을 때 소로스 등 글로벌 헤지펀드들이 홍콩달러를 공격대상으로 삼았다. 대규모 공매도 등을 통해 홍콩달러 투매를 유도했지만 홍콩 금융당국이 홍콩 달러를 무제한 매입하는 한편 홍콩 은행 간 금리를 30%로 한꺼번에 끌어올리면서 홍콩달러 가치가 폭등했다. 홍콩달러 가치와 차입금리가 동시에 폭등하면서 돈을 빌려 홍콩달러 공매도에 나섰던 소로스 회장은 환손실과 차입금리 급증이라는 더블펀치를 맞고 패퇴했다.

시장에서는 헤지펀드와 자존심 싸움에 나선 중국 정부가 지난 1998년 홍콩 금융당국이 했던 것처럼 위안화를 무제한 매입하거나 금융자유화 역행이라는 비난을 무릅쓰고 지난 1997년 마하티르 당시 말레이시아 총리가 사용했던 자본통제라는 극약처방을 내릴 수도 있다고 보고 있다. 결코 헤지펀드에게 패배하는 모습을 보일 수 없기 때문이다. 다보스포럼에 참석한 구로다 하루히코 일본은행 총재도 "최악의 상황이 벌어진다면 중국 정부가 자본통제를 실시할 수 도 있을 것"이라고 자본통제를 지지하는 발언을 하기도 했다.

실제로 이미 중국 당국은 본토에서 달러화가 빠져나가지 못하도록 실질적인 자본통제를 강화하고 있다. 인민은행은 이익 송금절차를 강화, 외국기업들이 중국에서 벌어들인 수익을 본국으로 송금하는 절차가 까다로워졌다. 큰손 개인들의 자본유출에 대한 단속도 강화했다. 개인 큰손들의 불법적인 자본유출을 막기 위해서다. 신용카드 이용도 제한하고 있다. 신용카드로 해외 금융상품을 구매하는 방식으로 달러자본을 홍콩 등지로 도피시키는 편법을 차단하기 위해서다.

CHAPTER 3

# 중국발 세계 금융질서 재편

## 위안화 3대 기축통화 부상

세계의 공장으로 불리며 글로벌 제조업을 장악한 중국이 금융 분야에서
도 빠른 속도로 세력을 확장하고 있다. 지난해 말 중국 위안화가 국제통화
기금 기축통화 체제인 특별인출권 통화바스켓에 편입됐다. 공식 편입시점
은 2016년 10월 1일이다. 라가르드 총재는 "위안화의 SDR 통화 편입은 중
국이 세계경제로 통합되는 중대한 이정표"라고 강조했다.

'특별인출권SDR, Special Drawing Rights'은 IMF가 회원국들의 외화 유동성 부족 때
사용할 수 있도록 하기 위해 만든 가상의 통화다. 금과 달러에 이은 제3의
세계화폐라고도 한다. 회원국들은 IMF 출자비율에 따라 일정액의 SDR 사
용권을 가지고 있다. 외환부족 사태에 직면한 회원국은 SDR를 외화가 넉넉
한 다른 회원국에 맡기고 SDR 가치만큼 외화를 인출할 수 있다. 외환부족
사태가 해소되면 차입한 외환과 이자를 지불하면 된다. SDR은 통화바스켓
환율 시스템으로 달러, 유로, 파운드, 엔화에 가중치를 둬 가치를 계산한다.

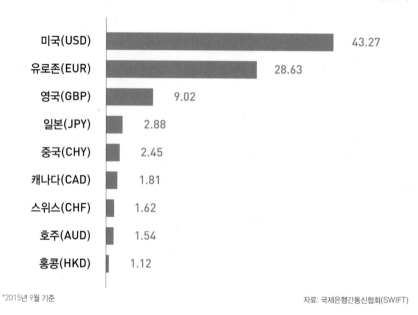

**전 세계 국제 결제 통화 비중**　(단위: %)

| 국가 | 비중 |
|------|------|
| 미국(USD) | 43.27 |
| 유로존(EUR) | 28.63 |
| 영국(GBP) | 9.02 |
| 일본(JPY) | 2.88 |
| 중국(CHY) | 2.45 |
| 캐나다(CAD) | 1.81 |
| 스위스(CHF) | 1.62 |
| 호주(AUD) | 1.54 |
| 홍콩(HKD) | 1.12 |

*2015년 9월 기준　　　　　자료: 국제은행간통신협회(SWIFT)

여기에 오는 10월부터는 위안화까지 포함돼 SDR 편입통화가 5개로 늘어
난다.

　이처럼 위안화가 SDR 통화바스켓에 포함된 것은 상징적으로 커다란 의
미가 있다. 달러나 유로화처럼 위안화가 국제무역 결제나 금융거래용으로
활용될 수 있는 토대를 마련, 국제통화로 발돋움하게 됐기 때문이다. 전 세
계 제조업을 장악한 중국이 위안화를 기축통화 반열에 올려놓으면서 미국
과 통화패권을 다투는 한편 글로벌 금융시장에서 영향력을 확대할 수 있는
위상을 갖추게 됐다는 평가다.

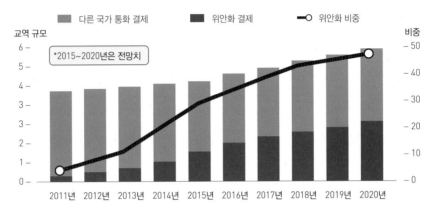

**중국 교역에서 늘어나는 위안화 결제**

(단위: 조 달러, %)

■ 다른 국가 통화 결제    ■ 위안화 결제    ─○ 위안화 비중

교역 규모

*2015~2020년은 전망치

자료: FT

위안화의 SDR 편입비율은 10.92%로 결정됐다. 미국 달러화(41.73%),
유로화(30.93%)에 이어 비중이 세 번째로 크다. 기존 SDR 통화인 엔화
(8.33%), 영국 파운드화(8.09%)보다 높다. 달러, 유로화와 함께 글로벌 3대
기축통화 대열에 합류한 셈이다.

## 위안화 SDR 편입 효과

중국은 세계 최대 수출대국이지만 위안화로 결제 받는 비중은 20%에도
미치지 못했다. 국제무역 결제통화가 달러이기 때문이다. 중국이 수입품 대
금을 지급할 때도 위안화를 달러나 유로화 등으로 환전해야 하는 불편이 따
랐다. 환전 수수료는 물론 환율이 급변동하면 상당폭의 환손실도 감수해야
했다. 위안화 SDR 통화바스켓 편입은 당장 위안화를 글로벌 무역결제 중심

## 주요 통화별 IMF SDR 편입 비율

(단위: %)

| 달러화 41.73 | 유로화 30.93 | 위안화 10.92 | 엔화 8.33 | 파운드 8.09 |

통화로 만들어주는 것은 아니다. 하지만 어느 정도 기축통화 위상을 국제적으로 공인받았다는 점에서 앞으로 위안화 결제 비중이 확대될 것으로 보인다. 그만큼 달러 의존도를 줄일 수 있게 된다. 중국 기업들이 달러환전을 거치지 않고 위안화로 교역을 하면 환차손 리스크와 비용을 확 줄일 수 있다. 또 외화부족 사태에 직면했을 때 위안화 표시 채권을 발행해 부채를 상환할 수도 있다. 위안화의 국제적 위상이 미약했을 때는 달러나 유로 등 기축통화로 외화부채를 상환해야돼 외환부족 위기에 대비하는 차원에서 수익성이 떨어지더라도 외환보유액을 과도하게 쌓아둘 수밖에 없었는데 위안화가 기축통화중 하나로 자리매김하면 이 같은 부담도 줄어든다.

위안화가 외환보유액으로 인정되는 국제보유통화Reserve로서의 지위를 확보함에 따라 각국 중앙은행들은 포트폴리오 다양화 차원에서 외환보유고의 일정규모를 위안화 표시 채권으로 채워 넣어야 한다. 스탠더드차터드는 전 세계 중앙은행 외환보유고의 9% 수준인 1조 달러가 위안화 표시채권으로 전환될 것으로 전망했다.

국제 무역결제용 위안화 비중도 늘어날 전망이다. 세계 무역결제에서 위안화가 차지하는 비중은 11%선이다. 중국과 교역 비중이 큰 아시아 국가들이 달러결제를 줄이는 대신 위안화 결제 비중을 확 늘릴 것으로 보인다. 도이체방크와 스탠더드차터드 등 금융기관들은 위안화 SDR 편입으로 향후

5년간 4조~7조 위안(1,200조 원)에 달하는 천문학적 규모의 돈이 위안화 국채 매입을 위해 유입될 수 있다고 분석했다. 위안화 표시채권 수요가 늘어나면 중국 정부와 기업들은 국제 금융시장에서 위안화표시 채권을 발행하기가 원활해지고 조달금리도 떨어지게 된다. 위안화 표시채권 수요 확대로 중국 자산가치가 높아질 개연성도 크다.

## 그린백(달러) vs 레드백(위안화) 헤게모니 전쟁

SDR 편입은 위안화가 국제통화 지위를 공식 확보한 것을 의미한다는 점에서 향후 글로벌 통화 패권을 놓고 미국과 중국 간에 치열한 경쟁이 불가피해졌다. 중국은 지난 6월 러시아, 인도 등과 함께 상하이에 본부를 둔 브릭스개발은행NBD을 창설한 데 이어 올해 전 세계 50여 개국이 참여한 아시아인프라투자은행AIIB, Asian Infrastructure Investment Bank을 출범시켰다. AIIB는 중국이 만든 첫 번째 국제금융기구다. 이를 통해 2차 세계대전 이후 미국이 주도해온 국제금융질서에 도전장을 내민 상태다. 여기에다 중국 위안화가 국제통화기금 특별인출권에 편입된 것은 브레튼우즈 체제 후 70여 년 이상 지속돼 온 달러화 독주체제가 위안화와 유로화를 포함한 다극체제로 전환되는 신호탄이다.

전 세계 중앙은행 외환보유액 중 달러화 표시자산 비중은 지난 1970년대 80%를 넘나들었다. 최근에는 60% 선에서 움직이고 있다. 위안화가 SDR에 편입되면 머지않아 전 세계 중앙은행 외환보유고에서 달러화가 차지하는 비중이 50% 이하로 추락할 것이라는 이야기가 공공연히 나오고 있다. 프랑스는 오래 전부터 달러 외에 유로, 위안화 등으로 기축통화군을 확대하는 복수 기축통화제도 시행을 주창해왔다.

물론 위안화가 SDR에 편입된다고 해서 당장 위안화가 달러를 대체하는 기축통화로 자리 잡을 것을 기대하기 힘들다. SDR 편입으로 위안화 위상이 높아지고 글로벌 무역시장에서 위안화 결제 비중이 확대되겠지만 중국 금융시장 개방도와 자유화 수준이 낮은데다 글로벌 국채·외환시장에서 위안화 유동성이 달러와는 비교할 수 없을 정도로 미미하기 때문이다. 중국 채권시장 후진성으로 위안화 채권시장 규모는 미국의 4분의 1 수준에 불과하다. 무역결제와 자본거래를 합친 위안화 국제거래 비중은 2.79% 수준으로 미국 달러(44.8%)와 직접 비교조차 힘들다. 위안화 국제화를 위해 넘어야 할 규제의 산도 많다. 당장 위안화 거래 활성화를 위해 자본시장 자유화 조치에 박차를 가해야 한다. 중장기적으로 위안화가 달러에 상응하는 기축통화 지위로 올라서려면 화폐유통 규모를 키우고 거래 안정성을 보장할 수 있는 장치 마련도 시급하다. 글로벌 금융시장에 팽배해 있는 중국의 관치금융 이미지를 걷어내는 것도 숙제다. 때문에 위안화 SDR 편입으로 글로벌 통화로서 한 축을 차지한 것은 분명하지만 위안화가 달러화에 버금가는 영향력을 가지려면 수십 년을 더 기다려야 한다는 분석이 우세하다. 중국인민은행은 2020년까지 위안화의 완전 태환과 자유로운 사용을 가능하게 하는 국내외 금융환경을 구축, 세계 무역 결제액의 33% 이상을 위안화가 차지하도록 할 것이라는 야심찬 계획을 세워놓고 있다.

## 위안화 허브 구축 경쟁

위안화가 SDR 바스켓통화에 편입돼 기축통화 위상을 갖추면서 위안화 표시자산 발행과 무역결제 수요가 확 늘어날 것으로 보고 위안화 허브를 구축하려는 전 세계적인 경쟁도 본격화되고 있다. 홍콩, 싱가포르 등 기존 위안화 허브는 물론 뉴욕, 런던, 프랑크푸르트 등 글로벌 금융허브 도시들이 역외 위안화 허브 자리를 꿰차기 위해 각축전을 벌이고 있다. 기축통화 위상을 갖춘 위안화 시장을 놓치는 것은 곧 글로벌 금융허브 전쟁에서 돌이킬 수 없는 패배를 의미하기 때문이다. 위안화 허브는 중국 역외에서 무역결제를 위한 위안화 거래는 물론 자금조달, 신용거래 등을 위안화로 할 수 있는 곳을 말한다.

미국에서는 미국 내 위안화 거래소·청산소 설립을 추진하는 실무그룹이 만들어졌다. 마이클 블룸버그 전 뉴욕시장이 실무그룹 의장을 맡고 티모시 가이트너와 헨리 폴슨 등 전직 미국 재무장관들이 공동 의장 역할을 맡아 속도를 내기로 했다. 씨티그룹, JP모건체이스, 골드만삭스 등 월가 대형은행들은 위안화 허브 구축을 선언했다. 위안화 직거래와 청산시스템은 막대한 규모의 중국산 제품을 수입하는 미국 기업들의 위안화 헤지거래 등 위안화 거래비용 절감을 위해 필요하다. 무엇보다 월가 경쟁상대인 영국 런던이 위안화 허브를 자처하고 나서면서 미국도 위안화 허브 구축에 속도를 내고 있다는 분석이다. 2013년 영국은 EU 중앙은행 중 처음으로 인민은행과 통화스와프를 체결한 뒤 위안화 청산결제은행을 개설했다. 2015년 10월에는 런던에서 사상 첫 역외 위안화 표시 국채를 발행하기까지 했다. 독일도 위

**위안화 허브 구축 나선 세계 주요 국가**

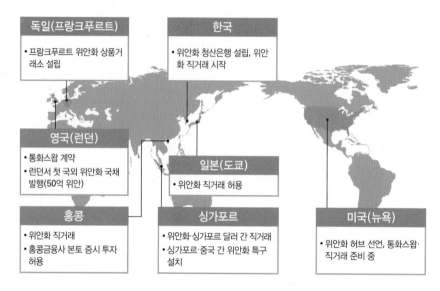

**독일(프랑크푸르트)**
- 프랑크푸르트 위안화 상품거래소 설립

**한국**
- 위안화 청산은행 설립, 위안화 직거래 시작

**영국(런던)**
- 통화스왑 계약
- 런던서 첫 국외 위안화 국채 발행(50억 위안)

**일본(도쿄)**
- 위안화 직거래 허용

**홍콩**
- 위안화 직거래
- 홍콩금융사 본토 증시 투자 허용

**싱가포르**
- 위안화·싱가포르 달러 간 직거래
- 싱가포르·중국 간 위안화 특구 설치

**미국(뉴욕)**
- 위안화 허브 선언, 통화스왑·직거래 준비 중

안화 허브구축을 위해 프랑크푸르트에 위안화 상품거래소를 설립했다.

아시아에선 이미 홍콩이 위안화 허브로 자리매김한 상태다. 한국, 싱가포르, 일본, 대만도 위안화 허브구축에 큰 관심을 가지고 있다. 홍콩은 위안화 직거래는 물론 중국 상하이 증시와 홍콩 증시간 교차거래를 허용하는 제도인 '후강퉁'까지 시행하고 있다. 현재 홍콩 내 위안화 예금은 9,000억 위안, 싱가포르의 경우, 3,000억 위안 수준이다.

위안화 국제화에 올인한 중국의 노력은 중동에서도 결실을 맺고 있다. 카타르·아랍에미리트연합UAE 등 중동 국가들이 중국, 홍콩과 거래할 때 사용하는 결제통화로 위안화 비중을 크게 늘렸다. 중국, 홍콩과의 무역거래에서 UAE가 위안화를 사용하는 비중은 지난 2014년 69%에서 2015년 74%로 증가했다. 카타르는 같은 기간 위안화 결제 비중이 29%에서 60%로 폭증했다. 다른 중동 국가들 역시 위안화 결제 비중을 확 늘린 상태다. 지난 20년 간 중국·중동 간 무역거래량이 50배나 폭증, 위안화 결제 비중이 자연스럽게 확대되고 있다는 분석이다. 통화전문가들은 위안화가 IMF SDR 통화바스켓에 편입되면서 달러, 유로와 어깨를 나란히 하는 기축통화로 자리매김한데다 중국 정부가 중동 투자를 대폭 늘리고 있어 갈수록 중동지역 내 위안화 결제 비중이 가파르게 확대될 것으로 보고 있다. 중국은 지난해 중동 최초 위안화 청산센터를 카타르에 설립했다. 중동은 위안화 국제화에 중요한 지역이다. 현재 원유 결제통화는 달러다. 중동과의 무역확대를 통해 석유 결제통화를 달러에서 위안화로 대체해 나가면 위안화를 국제 중심통화로 이끌려는 중국 금융굴기에 큰 도움이 된다.

## 중국 금융굴기

올 1월 중국 등 신흥국 의결권 비중을 높이는 것을 골자로 한 국제통화기금구조개혁안이 5년 만에 미국 의회를 통과했다. 이에 따라 중국 '금융굴기'에 가속도가 붙게 됐다. 2016년 10월 위안화가 국제통화기금 특별인출권 바스켓통화에 포함돼 기축통화 위상을 갖추게 된데 이어 구조개혁안 통과로 IMF 내 발언권까지 대폭 강화될 것이기 때문이다. 중국 외 인도 등 다른 신흥국 의결권도 확대될 예정이어서 미국 등 서방 중심의 글로벌 금융질서가 획기적으로 재편되는 신호탄이 될 것이라는 기대감도 확산되고 있다.

IMF 개혁안은 IMF 재원을 현재 두 배 수준인 6,500억 달러로 늘리고, 미

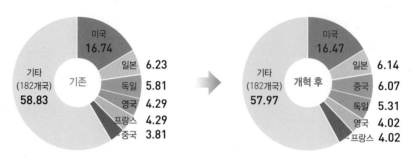

**IMF 개혁 이후 의결권지분율 변화**

(단위: %)

기존: 미국 16.74 / 일본 6.23 / 독일 5.81 / 영국 4.29 / 프랑스 4.29 / 중국 3.81 / 기타(182개국) 58.83

개혁 후: 미국 16.47 / 일본 6.14 / 중국 6.07 / 독일 5.31 / 영국 4.02 / 프랑스 4.02 / 기타(182개국) 57.97

자료: IMF

국 등 선진국 보유 지분 가운데 6% 포인트를 신흥국으로 넘겨주는 게 골자다. 미국 출자지분은 기존 16.74%에서 16.2%로 줄어드는 등 선진국 지분은 쪼그라들고 중국 쿼터는 4%에서 6.39%로 늘어난다. 이 같은 중국의 IMF 지분율은 미국과 일본에 이어 IMF내 3위 수준이다. 인도, 브라질, 러시아의 IMF 쿼터도 10위권 내에 진입한다. 한국 지분도 1.41%(18위)에서 1.8%(16위)로 늘어난다. IMF지분 변화에 따라 IMF 의사결정에 참여할 수 있는 의결권 지분율도 달라진다. 중국 의결권 지분율은 현재 6위(3.81%)에서 3위(6.07%)로 뛰어오른다. 현재 3위인 독일(5.81%) 은 4위(5.31%)로 밀려나고 영국과 프랑스도(4.29%→4.02%) 각각 한 계단씩 내려앉는다. 미국 의결권 지분율은 16.74%에서 16.47%로 감소하지만 여전히 원치 않는 안건을 부결시킬 수 있을 만큼의 의결권은 지켜냈다. IMF에서 안건을 통과시키려면 85% 동의가 필요한데 미국이 반대표를 행사하면 85%를 채울 수 없기 때문이다.

이처럼 중국이 글로벌 금융시장 룰세터로 부상하면서 국제통화체제 지각 변동이 본격화할 것이라는 전망이다. IMF 개혁안은 지난 2010년 서울에서 열린 주요 20개국 정상회의(G20)에서 채택됐다. 신흥국 경제적 영향력이 확대됨에 따라 기존 '선진국 위주' IMF 운영구조에 변화가 필요했기 때문이다. 하지만 중국 의결권 확대를 원치 않는 미국의회 반대로 IMF 개혁안이 지난 5년간 표류했다. 이에 중국은 IMF에 맞설 수 있는 아시아인프라개발은행을 설립, 한국을 비롯해 57개국을 참여시켰다. 라가르드 총재는 2015년 10월 페루 리마 IMF연차총회서 "미국이 계속 개혁안을 거부한다면 차선책을 강구하겠다"고 최후 통첩을 보낸 바 있다. 미국 의회 승인이 필요 없는 '특별증자'를 통해 IMF 출자지분 조정을 추진하겠다는 점을 시사한 것이다. 결국 미국이 굴복, 지난 1월 IMF 개혁안이 의회 비준을 받았다. 중국 출자비율·의결권 확대는 위안화의 IMF SDR 편입과 상승작용을 일으켜 중국의 '금융굴기' 위력을 키울 것으로 보인다.

## 중국 외환위기 음모론

연초부터 세계 경제를 패닉상태로 몰고 간 중국 주식시장 폭락과 급격한 위안화 절하에 따른 중국 경제 위기론이 확산되는 시장흐름은 지난 1997년 국제통화기금 환란위기를 맞아 국가부도 직전까지 갔던 한국 상황과 많이 닮아있다. 당시 한국은 1996년 말 선진국 클럽인 경제협력개발기구OECD에 가입하기 위해 금융시장을 대폭 개방한 뒤 바로 다음해에 원화값이 폭락하고 외환보유고가 고갈되는 등 외환위기를 맞은 바 있다. 중국도 2015년 말

## 환율

(단위: %)

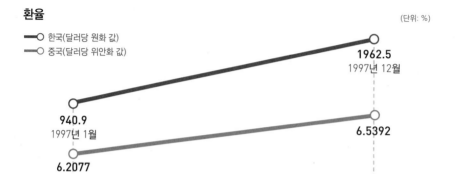

━━○ 한국(달러당 원화 값)
━━○ 중국(달러당 위안화 값)

**1962.5**
1997년 12월

**940.9**
1997년 1월

**6.5392**

**6.2077**

2015년 1월

2015년 12월

## 외환보유액

(단위: 억 달러)

중국

한국

3조 8,134
2015년 1월

3조 3,303
2015년 12월

309
1997년 1월

204
1997년 12월

## 주가

(단위: %)

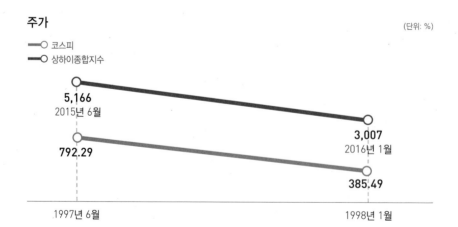

━━○ 코스피
━━○ 상하이종합지수

**5,166**
2015년 6월

**3,007**
2016년 1월

**792.29**

**385.49**

1997년 6월

1998년 1월

위안화가 국제통화기금 특별인출권 바스켓통화로 편입되는 한편 IMF 구조개혁안 통과로 IMF 내에서 여섯 번째로 높은 의결권을 확보하는 등 글로벌 금융 시스템에 통합되는 과정에서 경제위기를 겪고 있다. 한국이나 중국 모두 대외에 금융시장 개방 폭을 대폭 확대한 뒤 자국통화 가치 급락과 자본유출 등 외환위기를 맞고 경기침체 국면을 맞고 있다는 얘기다. 시장개방을 기다렸다는 듯이 국제투기자본의 공격을 받은 점도 유사하다. 자본유출이 거세지면서 위안화 가치가 폭락하자 중국 정부는 위안화 방어를 위해 중국 경제의 가장 큰 버팀목인 외환보유고를 헐어 쓰다가 지난해 23년 만에 처음으로 연간 외환보유고가 감소하는 당혹스런 상황에 직면했다. 올 초까지 지난 1년 6개월간 우리나라 전체 외환보유고의 두 배에 달하는 7,600억 달러에 달하는 외환보유액이 줄어든 상태다. 2016년 1월말 기준 중국이 여전히 많은 외환보유액(3조 2,300억 달러)을 보유하고 있지만 위안화 방어를 위한 환시장 개입과 대규모 자본 유출 추세가 지속될 경우, 위안화 방어에 충분치 않을 수 있다는 진단도 나오고 있다. 때문에 일각에서는 서방국가들이 거침없는 질주를 거듭하고 있는 중국 경제를 손보기 위해 위안화 SDR 바스켓통화 편입 등의 당근을 줘 시장개방을 유도한 뒤 중국 금융시장을 공격하고 있다는 음모론까지 불거지고 있다.

실제로 중국 정부는 위안화 SDR 바스켓통화 편입을 위한 사전준비 차원에서 일간 위안화 시장환율 변동폭을 전격적으로 확대한데 이어 예금금리 상한선을 폐지하는 금리자유화 정책을 시행하는 등 시장개방폭을 대폭 키웠다. 금리와 환율 자유화는 그동안 IMF가 줄기차게 중국 정부에 요구해온 금융개혁의 핵심이다. 증권 분야에서 중국은 지난해 말부터 시행한 후강퉁 (상하이·홍콩 증시 교차거래)을 통해 외국자본이 본토 주식시장에 투자할 수 있는 길을 열어줬다. 선강퉁(선전·홍콩증시 교차거래)과 후룬퉁(상하이· 런던증시 교차거래)도 추진 중이다. 또 올들어 위안화와 직접 거래하는 통화를 늘리고 외환거래 시간을 연장했다. 위안화 SDR 편입으로 금리·환율 자유화 수준이 더 높아지고 금융 분야 대외개방을 가속화하는 등 시장개방 확대로 중국 경제가 세계 경제와 더 촘촘히 연결될 것으로 보인다. 이를 통해 중국이 글로벌 금융시장의 주요한 플레이어로 참여하고 국내 금융시장 경쟁력도 끌어올릴 수 있지만 개방폭이 커질수록 중국 정부의 시장통제력이 약화되고 균열이 발생할 수 있다는 분석이다. 글로벌 금융시장에서 룰세터로서의 역할을 키우기 위해 금융시장 개방을 서두르면서 경제위기 가능성도 높아질 수 있다는 진단이다.

# "중국 경제 연착륙 과정 5~6% 성장 문제없다"

**밤방 브로드조네로고**
인도네시아 재무장관

　중국 경제 비관론이 다보스포럼 현장을 뒤덮었지만 밤방 브로드조네로고 인도네시아 재무장관은 중국 경제에 대해 비교적 낙관적인 시각을 내비쳤다. 밤방 장관은 "중국 경제는 현재 연착륙Soft Landing 과정에 있다"며 "앞으로도 중국 경제는 연간 5~6%대 성장을 이어갈 것"으로 내다봤다. 7% 성장률이 무너졌다고 해서 과도하게 염려하는 것은 바람직하지 않다는 진단을 내놨다. 밤방 장관은 "중국 경제가 투자주도 경제에서 앞으로는 소비주도 경제로 바뀌어야 한다"며 "소비주도 경제 하에서는 성장률이 둔화될 수밖에 없다"고 설명했다.

　연초부터 중국 주식시장이 폭락하는 등 중국 금융시장이 요동친 것과 관련, 거품이 해소되는 자연스러운 과정이라고 분석했다. 밤방 장관은 "단기 차익을 노리는 외국인들과 고성장을 기대한 중국 투자자들 때문에 중국 주식시장에 거품이 형성됐었다"며 "지배구조를 개선하고 외국인 투자에 대한 적정한 규제를 통해 문제를 해결할 수 있을 것"으로 전망했다.

미국 경제에 대해 밤방 장관은 "예상했던 대로 회복세에 진입했다"며 "앞으로도 성장과 고용이 호조세를 지속하고 달러도 강세를 보일 것"으로 예상했다. 밤방 장관은 "유럽 경제도 아직 본격적인 회복세에 접어들지는 않았지만 바닥은 쳤다고 생각된다"고 긍정적인 평가를 내렸다.

다만 신흥시장에 대해서는 염려를 나타냈다. 밤방 장관은 "저유가와 낮은 원자재가격, 미국금리인상, 중국 경기 둔화 등으로 신흥시장 상황이 매우 안 좋다"고 우려했다. 그러면서 밤방 장관은 "2008년 미국 등 선진국에서 시작된 경제위기가 이머징마켓으로 옮겨가는 모양새"라고 진단했다.

밤방 장관은 다만 한국, 인도, 인도네시아 등은 이머징마켓 위기에서 벗어날 수 있을 것으로 조심스럽게 내다봤다. 밤방 장관은 "한국 등은 경제성장을 지속하고 있고 금융시장과 통화가치도 상대적으로 안정적"이라며 "신흥시장 상황이 안 좋지만 극복 가능한 수준"이라고 분석했다. 다보스포럼 주제인 4차 산업혁명과 관련, 밤방 장관은 "인도네시아 입장에서는 많이 배워야 한다. 특히 4차 산업 혁명이 가져올 빈곤과 실업 문제를 어떻게 해결할지 고민하고 있다"고 말했다. 밤방 장관은 "4차 산업혁명이 세계를 승자와 패자로 가를 것"이라며 "승자가 되기 위해 노력해야 한다"고 강조했다.

한국 기업들에게는 공격적인 인도네시아 투자를 주문했다. 밤방 장관은 "한국은 고령화 문제가 갈수록 심각해지고 있고 노동비용도 급증하고 있다"며 "이런 때에는 해외 투자를 늘리는 게 바람직하다"고 봤다. 밤방 장관은 "인도네시아는 한국 투자기업에 대해 각종 세제혜택과 인센티브를 부여하고 있는 만큼 한국에서 어려움을 겪고 있는 기업들에게 매력적인 투자처가 될 것"이라고 설명했다.

또 밤방 장관은 인도네시아 경제정책 최우선 과제로 수출 증대를 꼽았다. 밤방 장관은 "인도네시아는 그동안 원자재 수출이 많은 비중을 차지했지만 앞으로는 제조업수출에 주력할 것"이라며 이같이 밝혔다. 밤방 장관은 또 "사회간접자본 확대를 위해 정부 재정을 집중 투입할 예정"이라며 "외국인 투자 확대를 위해 투자 걸림돌이 되고 있는 각종 규제와 투자 절차도 대폭 완화할 예정"이라고 덧붙였다.

## 살인적인 다보스 물가

'0.8프랑(1,000원), 1.3프랑(1500원), 2.45프랑(3,000원)'

물가가 비싼 스위스 각지에서 판매되는 생수 에비앙 한 병 가격(환율 1프랑=1200원)이다. 0.8프랑 짜리는 취리히 시내 대형 마트에서 판매되는 것이다. 1.3프랑 짜리는 다보스 시내 대형 마트에 적힌 가격. 2.45프랑 짜리는 다보스 기차역인 다보스도르프역에서 판매되는 생수 값이다. 모두 에비앙 500㎖ 한 병 값이다. 참고로 한국 편의점에서 동일한 크기의 생수 한 병 값은 500~800원 수준이다.

이처럼 스위스에서는 생수 한 병 가격도 천차만별이다. 특히 다보스포럼 행사가 열리는 기간에는 '다보스 물가'가 따로 형성된다. 우리나라로 치면 여름 휴가철 해수욕장에서 받는 바가지 요금인 셈이다.

메인 행사장인 콩그레스센터 앞에 위치한 맥도날드 햄버거 가게. 기본적인 햄버거에 감자튀김과 음료수를 합친 세트 메뉴가격은 23프랑. 한국 돈으로 3만 원에 육박한다. 우리나라에서 이런 세트 메뉴는 1만 원이면 충분히 사먹을 수 있다.

다보스에는 중식당 두 곳이 있다. 한국 식당은 물론 없고 유일하게 아시아 음식을 먹을 수 있는 곳이기 때문에 동양인들이 자주 찾는다. 그중 한 곳

천차만별 생수 가격

이 '골든 드래곤金龍'. 바가지 요금으로 유명하다. 다보스 행사기간에는 2인용 요리(1명당 63프랑, 8만 원)로 시작해 8~10인용은 한 사람당 100프랑(12만원)이 넘는 가격을 지불해야 한다. 요리 접시 개수에 따라 가격도 기하급수적으로 뛰는 셈이다. 하지만 요리 양념소스는 4개든 8개든 비슷하다. 야채나 죽순, 닭고기, 돼지고기 등 요리 재료에 따라 양념소스도 달라야 하지만 이곳 양념은 천편일률적이다. '묻지도 말고 따지지도 말고, 주는 대로 먹고 돈만 내라'는 식이다. 예약도 48시간 이전에 취소해야 한다. 48시간 이내 취소하려면 한 사람당 100프랑(12만 원)을 페널티로 내야 한다. 음식 값보다 취소 비용이 더 비싼 셈이다.

교통요금도 만만치 않다. 택시 기본요금은 6프랑(7,200원). 취재진이 공항에서 호텔 숙소까지 5㎞정도 가는데 42프랑(5만 원)을 냈다. 우리나라에선 1만 원이면 충분한 거리다. 다보스 공용버스의 경우 3프랑(3,600원)을 받는다. 기차요금도 우리나라의 3~4배에 달한다. 취리히 시내부터 다보스를 가기 위해 거쳐야 하는 란트콰르트역까지 100㎞거리인데, 요금은 100프랑(12만 원)이다.

행사기간 렌트카 비용도 천정부지로 치솟는다. VIP의 경우, 취리히공항에서 다보스 숙소까지 운전기사가 달린 렌트카를 이용하곤 한다. 거리는 160㎞로 2시간 가량 걸린다. 공항에 있는 렌트카 회사를 이용해 8인승 밴 차량을 빌리면 1,500프랑(180만 원), 5인용 승용차의 경우 1,000프랑(120만 원)이다. 렌트카 기사들은 하루 5~6시간만 일하면 수십 만 원을 손에 쥘 수 있다. 이 때문에 행사기간에는 독일, 이탈리아 등 인근 국가에서 일반 직장인들도 휴가를 낸 뒤 렌트카 기사로 일하러 온다.

다보스를 찾는 사람들이 가장 어려움을 호소하는 게 숙소문제다. 한국 참가자들은 대부분 2~3성급 호텔에 머문다. 우리나라 관광호텔보다 시설이 나쁜 곳도 많다. 평상시 이들 호텔의 하루 숙박료는 100~130프랑(12만~15만 원). 하지만 행사 기간 중에는 하루 숙박료란 개념이 없다. 기본이 4~5일이다. 이틀이나 사흘만 묵더라도 4~5일치를 내야 한다. 3성급 호텔의 5일간 숙박료는 2,600프랑. 한국 돈으로 300만 원이 넘는다. 만약 사흘만 잤다고 하면 하루에 100만 원이 넘는 돈을 내는 셈이다. 평상시 대비 7~8배의 바가지요금이다.

하지만 이런 호텔도 쉽게 구할 수 없다. 다보스포럼 사무국이 시내 호텔을 아예 블록딜로 예약을 걸어놓은 뒤 일괄 배정하기 때문이다. 다보스에는

다보스 전경

호텔이 40~50여 개여서 2만여 명에 달하는 참가단을 수용하는 게 불가능하다. 그나마 4~5성급 호텔은 국가 정상급 지도자나 국제기구 수장들에게 배정되기 때문에 호텔 잡기가 하늘에 별따기다.

　이런 이유로 아예 민박집을 빌리거나 차로 20~30분 거리에 있는 클로스터지역에 숙소를 잡는 경우가 많다. 참가 인력이 많은 전경련과 한화그룹 관계자들은 클로스터에 있는 호텔을 잡았다. 민박집은 후진 곳이라도 며칠 빌리는데 300만~500만 원을 줘야 한다. 일주일이든 열흘이든 상관없다. 행사 기간 외에는 스키 관광객을 제외하고는 민박 수요가 거의 없다. 스위스의 1인당 국민소득은 8만 달러. 우리나라의 3배가 넘는 만큼 물가도 비례해서 높다. 특히 다보스 기간에는 살인적인 수준인 만큼 전략적으로 아껴 쓰는 방법 외에는 해법이 없다.

PART 05

# 시계제로
# 글로벌 이코노미

# 퍼펙트스톰 직면한 글로벌 경제

## 칵테일 위기

칵테일은 양주에 설탕, 향료 등 여러 가지 재료를 섞은 혼합주다. 이처럼 여러 가지 재료가 혼합된 칵테일처럼 2016년 들어 연초부터 다양한 글로벌 악재들이 동시다발적으로 터지면서 전 세계 경제에 심대한 충격을 줬다. 지난해 말 미국이 9년 6개월 만에 기준금리 인상을 단행한 것을 신호탄으로 올들어 메가톤급 악재들이 잇따르면서 국제 금융시장 변동성이 확 커지자 다보스포럼 현장에서 글로벌 경제가 칵테일 위기Cocktail Crisis에 빠졌다는 진단이 흘러나왔다.

포럼 참석자들이 첫손으로 꼽은 리스크 요인은 가파른 중국 경제 둔화 불안감이었다. 중국 경제 경착륙 공포감 속에 위안화 가치가 날개 없는 추락을 하자 중국 증시는 올해 첫 장을 열자마자 7% 이상 폭락했다. 사상 처음으로 서킷브레이커Circuit Breaker, 매매 중단가 걸리면서 개장 30여 분 만에 주식시장이 조기 폐장하는 초유의 사태를 맞은 바 있다. 중국 위안화 절하와 증시

'글로벌 경제 전망' 세션 참석자들이 온갖 악재로 흔들리는 글로벌 경제에 대해 전망하고 있다. 왼쪽부터 마틴 울프 〈파이낸셜타임즈〉 칼럼니스트, 크리스틴 라가르드 국제통화기금 총재, 조지 오스본 영국 재무장관, 아룬 제이틀리 인도 재무장관, 구로다 하루히코 일본중앙은행 총재, 티잔 티엄 크레디트스위스 최고경영자

폭락으로 촉발된 시장불안이 올 한 해 내내 세계 금융시장을 요동치게 만드는 대형악재가 될 것이라는 게 다보스포럼 참석자들의 진단이었다. 중국발 금융 쇼크가 다른 나라 주식시장 동반 하락을 초래하고 유가 등 원자재값 변동성을 키우면서 지난 2015년 8월 중국증시 대폭락으로 글로벌 금융시장이 요동을 쳤던 '중국발 위기 전염' 공포가 재현될 수 있다는 두려움이 다보스포럼 현장을 뒤덮었다. 국제 금융시장이 지난 2008년 글로벌 금융위기 이후 사상 유래 없는 과잉 유동성에 오랫동안 노출돼왔다는 점에서 중국발 경기둔화 쇼크와 미국 통화 긴축정책 등이 맞물리면서 자산거품 붕괴 쓰나미를 맞이할 수 있다는 공포감이 확 커졌다. 실물경제 거울이라는 글로벌

증시가 올 상반기에 2008년 9월 글로벌 금융위기 이후 최악의 하락률을 보인 것은 이 때문이다. 그동안 원자재 블랙홀 역할을 해왔던 중국 경제의 가파른 둔화가 원자재시장 동반 붕괴를 부를 수 있다는 점도 걱정거리다.

올 상반기 중 국제유가가 배럴당 20달러 선으로 수직 하락하는 등 저유가 쇼크 장기화와 이에 따른 산유국 등 원자재 수출국의 도미노 디폴트(채무상환 불능) 위기도 전 세계 경제에 직격탄이 될 것이라는 진단이다. 유가 급락으로 재정적자가 눈덩이처럼 커지면서 산유국들은 전 세계 금융시장에서 오일머니를 거둬들이고 있다. 이 때문에 신흥국 금융시장은 미국 기준금리 인상과 오일머니 회수라는 더블펀치를 맞고 뭉칫돈 이탈을 걱정해야하는 상황이다. 글로벌 유동성이 신흥국가에서 대거 이탈, 외환부족 사태에 직면하게 되면 지난 1997~1998년 IMF 외환위기와 같은 디폴트 위기에 내몰릴 수 있다. 또 신흥국 경제위기가 선진경제 회복 발목을 잡는 전염효과를 유발, 글로벌 경제성장률이 동반 하락하는 최악의 시나리오가 현실화될수 있다.

원자재 가격 하락은 그렇지 않아도 심각한 유럽 난민사태를 더욱 악화시킬 수도 있다. 유가 등 원자재값 급락으로 아프리카·중동 산유국들의 경제난이 가중되면 유럽으로 유입되는 난민 숫자가 대폭 늘어날 수 있기 때문이다. 다보스포럼 현장에서 크리스틴 라가르드 국제통화기금IMF 총재는 "글로벌 유가 하락이 석유 수출국과 수입국에 차별된 효과를 가져와 세계 경제에 '양날의 칼'이 될 것"이라며 유가가 13년래 최저치로 떨어지면서 금융시장 불안과 산유국의 극심한 경기침체를 가져와 세계 경제에 미칠 부정적 여파가 커질 것이란 점을 걱정했다.

미국 연방준비제도이사회(연준)와 그 외 주요국 중앙은행들이 정반대 통화정책을 펼치는 그레이트디버전스Great Divergence, 대분기와 자국 화폐 가치를 떨어뜨리기 위한 통화전쟁 가능성도 글로벌 경제를 시계제로 상황으로 몰아넣는 불확실성 요인이다. 라가르드 총재는 미국, 유럽, 일본 등 선진국은 물론 개발도상국과 신흥국이 각자도생식 통화정책을 펼치는 현상을 비동기적Asynchronous 글로벌 통화정책으로 표현했다. 2015년 말 미국은 9년 만의 기준금리 인상을 통해 통화긴축에 들어섰다. 반면 유로존과 일본은 상당기간 팽창적인 통화정책을 지속할 방침이다. 때문에 신흥국에서 대거 이탈한 자금이 미국으로 유입되고 원자재 가격까지 하락하면서 신흥국 금융시장이 요동치고 외환부족 사태에 노출 될 수 있다고 라가르드 총재는 진단했다. 중동발 정세불안, 남중국해를 둘러싼 G2(미국·중국) 간 군사적 갈등 격화, 러시아와 서방국가 간 신냉전 심화 등에 따른 지정학적 갈등 고조도 글로벌 경제를 위협하는 심각한 리스크다. 이 같은 리스크 요인들이 중첩되면서 그야말로 위험천만한 '칵테일형 위기'가 지구촌 경제를 위협하는 모양새다.

2015년 상대적으로 강했던 미국 경제 회복세를 발판으로 2016년 글로벌 경제가 저성장에서 벗어나는 탈출속도를 만들어낼 것이라는 기대감도 있었다. 하지만 연초부터 칵테일 위기 충격에 직면한 글로벌 경제가 오히려 더 큰 불확실성에 빠져들 것이라는 게 다보스포럼의 대체적인 분위기였다. 라가르드 총재는 "당초 예상했던 것보다 글로벌 경제에 더 큰 위험요인들이 감지되고 있다"며 투자자들의 주의를 당부한 것은 이 때문이다. 라가르드 총재는 "세계 경제에 이 같은 다수의 하방 리스크가 생겨나면서 경제 전망을 흐리게 만들고 있다"며 글로벌 경제가 상당기간 평범한 저속성장을 하는 시대에 접어들었다는 점을 설명하기 위해 '새로운 평범함New Mediocrity'이라는 단어를 사용했다. IMF는 2016년 1월 19일 올해 세계 경제 성장률 전망치를 3.4%로 제시해 지난해 9월 전망치보다 0.2%포인트 낮춘 바 있다.

## 2016 뉴노멀은 시장 변동성 확대

가파른 중국 경제 둔화 쇼크로 2016년 들어 2월 초까지 글로벌 주식시장 시가총액은 고점대비 20% 이상 급감했다. 2015년 6월 3일 기록한 역대 최고치(73조) 대비 17조 달러(23%)의 돈이 허공으로 사라졌다. 2008년 글로벌 금융위기 때 전 세계 주식시장 시가총액이 6개월간 18조 달러 감소한 것과 엇비슷한 수준이다. 올 초 중국발 경기침체 쇼크가 글로벌 금융 시스템 붕괴 공포감을 키웠던 2008년 사상 초유의 글로벌 금융위기와 맞먹는 충격파를 시장에 던진 셈이다. 2016년 들어서도 2월 초까지 전 세계 시가총액이 8조 달러 이상 증발했다. 같은 기간 상하이종합지수는 22% 급락했다. 일본 닛케이지수도 연초 이후 2월초 기준 21% 곤두박질쳤다. 국제유가는 올들어서도 급락세를 지속, 올 상반기 중 20%나 급락, 지난 2014년 여름께 100달러를 호가했던 가격이 4분의 1토막이 났다.

이뿐만 아니다. 2016년 들어 달러, 엔화 등 통화와 국제유가가 연일 급등락을 거듭하면서 어디로 튈지 모르는 상황이 연출되고 있다. 시장 변동성 확대로 글로벌 금융시장 불확실성이 커지고 이것이 다시 변동성을 더 확대시키는 악순환의 고리가 강화되고 있다. 한마디로 시장에 '변동성 쓰나미'가 몰려오고 있는 셈이다. 이와 관련해 다보스포럼에 참석한 '닥터둠' 누리엘 루비니 뉴욕스턴경영대학원 교수, 케네스 로고프 하버드대 교수 등 세계적인 거물학자들은 중국 금융시장 변동성이 2016년 내내 이어지고 경기둔화세도 가팔라질 것이라고 경고했다. 이로 인해 글로벌 경제가 당분간 한치 앞을 내다보기 힘든 시계제로 상황에 빠져 불확실성에 민감하게 반응할 것으로 내다봤다. 특히 투자자들의 심리적 변수가 크게 작용하는 주식, 환율 시장 변동성이 한층 확대될 것으로 봤다. 세계적인 시장조사기관 IHS의 나리만 베라베시 수석이코노미스트는 "중국발 쇼크 여진이 이어지면서 전 세계 시장이 변동성 확대 위기에 놓여 있다"고 분석했다. 주민 IMF 부총재는 "세계 경제 연계성이 높아짐에 따라 글로벌 경제 불확실성이 더욱 커졌다"며 "해외 이슈 때문에 국내 경제가 크게 출렁이고 있는데 정부대응이 잘못되면 그 여파가 엄청나게 커질 수 있다"고 경고했다. 그러면서 주민 부총재는 "전 세계 자산시장이 위험할 정도로 복잡하게 얽혀있어서 단순한 시장 분위기 변화라도 시장 영향이 증폭될 수밖에 없는 상황"이라며 "관건은 글로벌 유동성이 극적으로 쪼그라들 수 있다는 것인데 이 때문에 시장이 겁을 먹고 있다"고 설명했다. 이처럼 변동성이 극적으로 확대될 수밖에 없는 상황이라면서도 주민 부총재는 "2016년 초 세계증시가 동반 급락한 것에 대해 시장 붕괴Meltdown라는 표현을 쓰는 것은 적절하지 않다"고 지적했다. 시장상황에 따라 변동성이 실물 펀더멘털에 비해 과하게 나타날 수는 있지만 붕괴보다는 시장 조정단계Adjustment로 보는 게 옳다는 진단이다. 2015년 말 미국 연방준비제도이사회가 기준금리를 올려 글로벌 유동성이 줄어들 개연성이 커진데다 세계 경제 성장이 둔화되는 상황에서 실물경제 거울인 주식시장이 여기에 반응할 수밖에 없다는 얘기다.

케네스 로고프 하버드대 교수는 "시장 공포는 중국 당국이 결국은 전지전능한 마술사가 아니라는 점을 깨닫기 시작하면서 시작됐다"며 "이제 시장 관심사는 중국 경제 둔화가 신흥시장 그리고 전 세계 경제에 얼마만큼 충격을 주고 그 충격이 얼마나 오래갈 것인가에 맞춰질 것"으로 내다봤다. 다보스포럼에 참석한 세계 최대 광고회사 WPP그룹의 마틴 소렐 최고경영자CEO는 "아직도 세계 경제는 2008년 금융위기 영향 아래 있다고 보면 된다"며 "그때 이후 소비자들이 자신감을 상실했고 2008년에 큰 타격을 입은 뒤 2011년부터 만성적인 저성장에 시달리고 있다"고 진단했다. 루비니 교수는 "시장이라는 것이 한번은 극단적인 낙관주의로 흘렀다가 다시 극단적인 비관주의로 흐르는 등 조울병Manic Depressive 환자처럼 움직이는 경향이 강하다"며 "연초 투자자들의 반응이 과도했다"고 지적했다. 다만 중국 정부가 국영기업 구조조정과 같은 개혁을 뒤로 미루면 미룰수록 경기침체가 더 심각해질 위험성이 더 커질 것으로 내다봤다.

## 미국 긴축발작(테이퍼 탠트럼)

4장에서 살펴본 차이나 쇼크 외에 다보스포럼 참석자들이 꼽은 세계 경제 위협요인 중 하나는 미국의 통화긴축 시행을 통한 출구전략이었다. 미국 통화긴축이 '테이퍼 탠트럼Taper Tantrum, 긴축발작'을 초래, 글로벌 금융시장을 혼란에 몰아넣을 수 있다는 불안감 때문이다. 긴축발작은 양적완화 중단, 미국 금리인상 등 선진국 통화 죄기 긴축정책으로 신흥국 통화가치가 급락하고 뭉칫돈 이탈을 초래해 신흥국 경제가 외환부족 사태에 빠지고 주식시장이 폭락, 신흥경제가 대혼란에 빠지는 현상을 말한다.

글로벌 경제는 최근 3년 사이 두 차례의 테이퍼 탠트럼으로 몸살을 앓았다. 지난 2013년 5월 당시 양적완화를 통해 시장에 천문학적 규모의 돈을 풀고 있던 벤 버냉키 연준 의장은 미국 의회 청문회에 참석, 양적완화 축소 Tapering 가능성을 시사했다. 그러자 신흥국 통화와 주식가치, 채권가격이 동반 급락하는 등 신흥시장이 요동을 쳤다. 두 번째는 2015년 5월 재닛 옐런 연준 의장이 연내 기준금리 인상 가능성을 내비치자 발생했다. 이때도 신흥국에서 뭉칫돈이 대거 이탈하고 주가가 급락하는 흐름이 나타났다.

글로벌 경제는 지난 2008년 9월 글로벌 금융위기 이후 전 세계적인 돈찍어내기와 돈뿌리기 등 통화완화 정책에 익숙해져 있다. 때문에 미국이 긴축의 칼을 꺼내들 때마다 글로벌 금융시장이 크게 흔들리는 모습을 반복적으로 보여주고 있다. 이처럼 미국 통화긴축에 글로벌 금융시장이 민감한 반응을 보이는 상황에서 미국 연준은 2015년 말 9년 6개월 만에 기준금리 인상을 단행, 본격적인 통화긴축에 들어섰다. 제로금리를 벗어나는 금리 인상조치를 취한 뒤 옐런 의장은 이를 비정상의 정상화라고 강조했다. 미국 경제의 지속적인 회복에 대한 자신감을 토대로 제로금리라는 비정상적인 금리체계에서 벗어나 정상적인 금리정책을 시행한다는 설명이었다. 기준금리 인상은 그간의 초팽창적인 통화정책에서 벗어나 긴축으로 한발 옮기는 신호탄이다. 전 세계 경제는 미국 기준금리 인상에 바짝 긴장했다. 특히 신흥국들이 안절부절했다. '제3의 테이퍼 탠트럼' 불안감이 급속도로 확산됐기 때문이다. 통화긴축 조치가 시행되면 그만큼 시장유동성이 줄어든다. 미국의 통화완화 정책으로 돈이 넘쳐날 때 혜택을 가장 많이 받았던 곳이 신흥국이다. 무차별적으로 풀린 글로벌 유동성 상당액이 저금리 상황에서 상대적으로 좀 더 높은 수익을 좇아 신흥시장으로 대거 유입됐다. 하지만 통화긴축이 시작되면 신흥시장으로 유입되던 유동성이 쪼그라들어 신흥국들이 심각한 돈 가뭄을 겪을 수 있다. 더 큰 문제는 글로벌 유동성이 돈을 걷어 들이기 시작할 때 가장 먼저 뭉칫돈이 빠져나갈 곳이 바로 신흥국이라는 점이다. 금리는 돈의 값이다. 기준금리가 올라가면 그만큼 돈의 값이 높아진다. 때문에 금리가 올라가면 해당국가 화폐 가치도 덩달아 상승한다. 미국 기준금리 인상으로 달러가치가 올라간다는 얘기다. 이처럼 금리와 달러값이 함께 상승하면 달러표시 자산의 투자매력이 커질 수밖에 없다. 금리차와 환차익을 노린 글로벌 유동성이 달러표시 자산을 매집하기 위해 신흥국에서 유출될 개연성이 그만큼 커지는 셈이다.

UBS는 거의 10년 만의 미국 기준 금리인상이 과거 금리인상기 때보다 신흥시장에 더 큰 고통을 줄 수 있다고 분석했다. 지난 2004년 금리인상기 때는 중국 경제가 10%대 성장을 하고 있던 때라 통화긴축 악재를 수출확대로 극복할 수 있었다. 하지만 이제는 중국 경제 성장 모멘텀이 확 꺾이면서 글로벌 교역규모가 쪼그라들어 비빌 언덕이 없다. 주민 IMF 부총재는 "연초부터 요동친 주식시장은 미국 연준이 2016년 기준금리 추가 인상에 나서면 어떤 일이 벌어질지 보여주는 맛보기에 불과하다"고 우려했다. 미국 기준금리 인상으로 전 세계적으로 차입금리가 높아지고 유동성이 축소되면 글로벌 경제에 충격을 줄 수밖에 없다는 설명이다. 이 같은 글로벌 유동성 경색Global Liquidity Crunch 가능성이 다보스포럼 참석자들을 긴장시켰다.

데일리텔레그래프의 암브로즈 에반스 프리처드 국제뉴스 에디터는 글로벌 시장 쇼크 세션에 참석, "글로벌 유동성이 위험한 수준으로 말라붙어 갈 때 투자자들이 한꺼번에 출구를 향해 몰려든다면 훨씬 더 심각한 글로벌 자산투매현상이 초래될 것"이라고 경고했다. 과거 연준이 통화긴축에 나설 때는 세계 경제가 경기 과열초입에 들어설 때였지만 이번에는 경기 회복세가 뚜렷하지 않은 상태에 이뤄지는 것이어서 금리인상이 경기회복에 찬물을 끼얹을 수 있다는 우려도 크다. 미국 기준금리 인상은 거품이 커진 상업용 부동산과 정크본드Junk Bond, 투자부적격 등급 채권·하이일드채에는 치명타다. 상업용 부동산과 정크본드가 지난 7년간 이어진 제로금리와 막대한 유동성 공급의 자양분을 먹고 유동성 장세를 펼쳤던 만큼 미국 통화정책 정상화로 가장 큰 타격을 받을 수 있다는 진단이다.

## 달러페그제 이탈

국제 원유가격 폭락으로 나라 곳간이 빈 중동 산유국들은 미국 기준금리 인상에 따른 자본유출을 막기 위해 울며 겨자 먹기로 금리를 따라 올린 케이스다. 미국이 지난해 말 기준금리를 올린 뒤 사우디아라비아, 쿠웨이트, 바레인 등 대다수 중동 국가들은 덩달아 기준금리를 0.25% 포인트씩 인상했다. 남아프리카공화국, 모잠비크 등 아프리카 산유국들은 미국 금리인상을 앞두고 미리 금리인상을 단행한 경우다. 멕시코도 페소화 가치가 사상 최저 수준으로 떨어져 외자유출에 비상등이 켜지자 2016년 2월 금리인상에 나섰다. 국제유가 급락으로 경제가 망가질 대로 망가진 상태에서 경기부양을 위해 기준금리를 내려야 할 판이지만 미국 기준금리 인상에 따른 자본유출을 막기 위해 금리인상이라는 고육책을 쓴 것이다.

금리인상은 금융비용 상승을 가져와 부동산 경기를 위축시키고 가계, 기업의 소비·투자 수요를 쪼그라뜨려 총수요를 줄이고 결국 전체 경기에 악영향을 미친다. 또 금리인상을 통해 자본유출을 어느 정도 막더라도 더 큰 문제는 금리인상 후폭풍으로 디플레이션 압력이 커지고 신흥국 경기회복 속도가 더 느려질 수 있다는 점이다. 늘어난 국채이자 부담 때문에 재정적자가 눈덩이처럼 커져 국가신용등급 하락도 불가피하다. 중국도 경기부양 차원의 금리인하가 절실하지만 자본유출 공포 때문에 쉽사리 금리인하 카드를 꺼내들기 힘든 상황에 처했다. 때문에 금리에 손을 대지 않고 달러와 연동되는 달러페그제(달러연동 고정환율제)를 포기, 위안화 약세를 유도한 뒤 수출경쟁력 제고에 나설 수 있다는 분석이 나오고 있다.

국가 재정의 90%를 원유 수출에 의존하는 대다수 걸프 산유국들도 그동안 금과옥조로 생각했던 달러페그제 폐기를 검토하고 있다. 그동안 중동 산유국들은 달러페그제를 통해 안정적으로 국가운용에 필요한 재정을 확보해왔다. 달러화와 자국 통화를 연동해 놓으면 원유를 팔아 얼마만큼 세수를 확보할 수 있을지 쉽게 예측할 수 있게 된다. 하지만 미국 기준금리 인상으로 달러페그제를 폐기해야 한다는 목소리가 커지고 있다. 미국이 2015년 말 기준금리를 인상한데 이어 2016년 추가 금리인상에 나설 가능성이 커 달러화 강세가 지속될 개연성이 크기 때문이다. 강달러 상황에서 달러페그 제를 유지하면 자국통화가치 상승으로 이어져 수출경쟁력이 약화된다. 자 국 통화가치가 상승하면 중동 관광업 등도 타격을 받게 된다. 이런 부정적 인 영향을 완화하기 위해 달러페그제를 포기, 자국통화가치 약세를 유도할 것이라는 진단이다.

## 위안화발 통화전쟁

일본은행BOJ은 지난 2014년 10월 31일 2차 양적완화 조치를 발표했다. BOJ가 연 80조 엔 규모의 자산을 시장에서 사들이는 게 골자였다. 이만큼 시장에 유동성을 풀겠다는 것이다. 이를 통해 2016년 들어서 1월말 기준 100조 엔(1,024조 원)이 넘는 돈을 시장에 쏟아 부었다. 양적완화 조치의 가장 큰 목표는 바로 엔화약세 유도다. 시장에 엔화 유동성이 넘쳐나면 넘 쳐날수록 엔화가치는 떨어지게 된다. 실제로 엔화가치는 급락세를 거듭했 다. 일본과 전 세계 수출시장에서 경쟁하는 한국 등 주변국은 양적완화를 통한 아베노믹스 정책이 일본 수출업체들의 부를 늘려주면서 주변국은 가 난하게 만드는 근린궁핍화 정책과 같다고 비판했다. 엔화 약세는 일본 수 출업체들이 해외시장에서 판매하는 가격 제품을 내릴 수 있는 여지를 키워 일본 업체들이 수출 가격경쟁력을 확 끌어올리는데 도움을 준다. 일본 수 출기업과 동일한 수출 가격경쟁력을 확보하려면 다른 나라들도 금리인하

등을 통해 경쟁적으로 자국통화 가치를 떨어뜨리는 통화전쟁에 뛰어들 수밖에 없다.

올들어 중국도 위안화 가치를 연이어 떨어뜨리면서 달러 대비 위안화 가치가 5년래 가장 낮은 수준으로 급전직하했다. 제조업 경기둔화가 너무 가파르게 진행되면서 수출경쟁력을 어느 정도 끌어올려야 하는 상황에 처했기 때문이다. 이처럼 중국이 위안화 가치 하락조정에 나서자 다른 국가들도 자국 통화가치 하락을 유도하기 위해 금리인하 등의 카드를 꺼내들었다. 경쟁적인 자국 통화가치 인하 전쟁은 시장 불확실성을 키워 글로벌 무역에 큰 타격을 줄 수 있다.

## 그레이트디버전스(Great Divergence)

지난 20여 년간 전 세계 주요 중앙은행은 유사한 통화정책을 펼쳐왔다. 전 세계 중앙은행들이 독립돼 있는 것처럼 보이지만 사실상 미국 연방준비제도이사회 통화정책 방향에 유럽중앙은행ECB, 일본은행 등 주요국 중앙은행이 따라가는 흐름을 보였다. 이처럼 암묵적인 글로벌 통화정책 공조를 통해 글로벌 경기침체를 극복하는 한편 경기가 과열되는 것도 막아왔다. 하지만 지난해 말 이 같은 글로벌 통화정책 공조흐름이 무너졌다. 미국 연준은 긴축에 한발 들여놓은 반면 ECB와 BOJ는 통화완화 정책을 더욱 강화하는 전혀 다른 길로 접어드는 그레이트디버전스Great Divergence, 大分岐, 대분기 상황에 처했다. 그레이트디버전스는 연준과 다른 주요국 중앙은행 간 통화정책 방향이 완전히 갈리는 대분기 국면을 설명하기 위해 등장한 표현이다. 180도 전

마리오 드라기 유럽중앙은행 총재(왼쪽)가 '유로존 경제전망' 세션에서 추가 통화완화 조치 시행을 시사하고 있다.

혀 다른 통화정책이 펼쳐지는 그레이트디버전스 통화정책 시대가 열린 것은 각국이 처한 경제 상황이 다르기 때문이다.

미국 경제는 회복국면을 지속할 것이라는 기대감이 큰 반면 유로존과 일본 경제는 여전히 저성장세에서 벗어나지 못한 채 디플레이션 압박을 받고 있다. 회복세에 들어선 미국은 혹시 있을지 모르는 인플레이션 위협을 예방하고 자산거품을 차단하기 위해 2015년 말 기준금리 인상을 단행, 7년 만에 제로금리에서 벗어났다. 반대로 천문학적 규모의 돈 풀기에도 불구하고 여전히 디플레이션 늪에서 헤어나지 못한채 경기침체가 장기화되고 있는 유로존과 일본은 돈풀기에 속도를 내고 있다. 저성장·저물가 고착화, 브렉시

## 전 세계 각국 기준금리 조정

(단위: %)

**기준금리 인상**

| 일자 | 국가 | 변동률(%) |
|------|------|-----------|
| 12월17일 | 홍콩 | 0.5→0.75 |
| 12월16일 | 사우디아라비아 | 0.25→0.5 |
| | 바레인 | 0.25→0.5 |
| | 쿠웨이트 | 2.0→2.25 |
| 11월28일 | 콜롬비아 | 5.25→5.5 |
| 7월30일 | 브라질 | 13.75→14.25 |

**기준금리 인하**

| 일자 | 국가 | 변동률(%) |
|------|------|-----------|
| 12월10일 | 뉴질랜드 | 2.75→2.5 |
| 12월4일 | 유럽연합 | -0.2→-0.3 |
| 10월23일 | 중국 | 18.0→17.5 |
| 9월29일 | 인도 | 7.25→6.75 |
| 9월24일 | 노르웨이 | 1.0→0.75 |
| | 대만 | 1.875→1.75 |
| 9월12일 | 파키스탄 | 6.5→6.0 |

*현지시간 기준(2015년).

자료: 블룸버그

트(영국 EU 탈퇴), 대규모 난민 사태 등 도전적 과제에 짓눌려 경제가 제대로 기를 펴지 못하자 ECB는 돈을 더 푸는 쪽으로 완전히 방향을 잡았다. 디플레이션 탈출속도를 확보하기 위해 2015년 3월 연준식 양적완화$_{QE}$에 나선 ECB는 지난해 하반기에 마이너스 예치금리를 도입, 금리를 -0.3%까지 떨어뜨렸다. 마리오 드라기 ECB 총재는 기회가 있을 때마다 더 강력한 통화완화정책을 펼치겠다는 의지를 확실히 했다. 다보스포럼 현장에서도 마찬가지였다.

2016년 1월 22일 다보스포럼 '유로존 경제전망' 세션에 참석한 마리오 드라기 총재는 "미국 경제 회복세가 유로존이나 일본보다 앞서 있다"며 "이처럼 각국이 처한 경제상황이 다르기 때문에 통화정책이 달라지는 것은 당연한 것"이라고 강조했다. 그러면서 드라기 총재는 "기준금리를 올려 긴축에 들어간 미 연준과 ECB 통화정책이 갈라진 길<sub>Divergent Path</sub> 위에 상당기간 머물러 있을 것"이라고 밝혀 ECB가 완화적인 통화정책을 상당기간 지속할 것임을 명확히 했다. "(물가상승·경기부양을 위한)경기부양 실탄은 얼마나 가지고 있느냐"는 모더레이터 질문에 드라기 총재는 "우리는 결의를 갖췄고 이를 시행할 의지와 역량도 있다"며 자신감을 보였다. 다보스 현장에서 만난 대다수 경제 전문가들은 드라기 총재가 추가 양적완화 등 초강력 통화완화 조치를 선택할 수밖에 없다고 진단했다. 그렇지 않아도 지지부진한 유로존 경제에 중국발 신흥경제 둔화 쇼크가 더해진데다 유가가 날개 없는 추락을 거듭하면서 ECB 2% 물가상승률 목표 달성시점이 더 멀어졌기 때문이다. 2015년 12월 ECB는 2016년과 2017년 인플레이션을 1.0%, 1.6%로 전망했다. 하지만 올들어 바클레이스는 올해와 내년 인플레이션을 각각 0.1%, 1.3%로 확 낮춰 잡았다. 2% 목표치에 턱없이 못 미치는 수준으로 물가상승 압력이 확 떨어질 것으로 보고 있는 셈이다. 드라기 총재는 다보스 현장에서 약속한대로 지난 3월 추가적인 양적완화에 들어가는 등 대대적인 통화완화 정책을 발표했다.

일본은행도 올들어 지난 1월 29일 사상 초유의 마이너스 금리를 도입, 무차별적인 돈풀기에 나선 상태다. 다보스포럼 현장에서 구로다 하루히코 일본은행 총재는 2% 물가목표치 달성을 위해 추가 경기부양 의지가 있음을 노골적으로 밝혔다. ECB와 BOJ가 최소한 2017년 상반기까지 양적완화를 계속 유지할 것이란 전망이다. 2분기 연속 마이너스 성장을 한 캐나다는 기준금리를 마이너스 수준까지 인하하는 방안을 검토하고 있고 뉴질랜드는 기준금리를 사상최저 수준으로 떨어뜨렸다. 미국과 여타 다른 국가들 간 통화정책 방향이 엇갈리는 그레이트디버전스가 가속화되고 있는 셈이다.

연준과 ECB, BOJ 통화정책의 그레이트디버전스 심화로 글로벌 금융시장 불확실성이 더욱 확산될 수 있다는 경고의 목소리도 적지 않다. 미국 금리인상 후 글로벌 금융시장에 미칠 파급효과를 완화하기 위해 공조를 해도 모자랄 상황에서 주요 중앙은행간 통화정책 엇박자는 자칫 아시아 신흥국 통화가치 폭락 등 금융시장 불안과 원자재 가격 하락 등 연쇄반응을 불러일으킬 수 있다. 결국 중앙은행 정책 공조 파괴와 분열로 각국 통화정책 예측성이 떨어지면 글로벌 자산 가격 변동성이 커질 수밖에 없다는 진단이다.

## 슈퍼달러와 유로·달러 패러티

그레이트디버전스 현상은 통화가치에 직접적인 영향을 미친다. 미국은 긴축으로 가고 유로존과 일본은 통화팽창 쪽으로 간다는 점에서 미국 달러화가 유로화와 엔화 대비 강세로 갈 수 밖에 없다. 미국의 통화긴축으로 달러 유동성이 줄면서 금리가 상승하고 돈의 값인 금리가 오르면 달러가치가 오르는 게 상식적인 흐름이다. 사실 돈을 무차별적으로 풀고 있는 ECB와 BOJ가 표면적으로 밝히지 않고 있지만 내심 원하는 것은 바로 유로와 엔화 약세다. 돈을 풀어 자국 통화가치 하락을 유도, 수출업체 수출경쟁력을 높여 기업실적을 좋게 만들고 이를 통해 자국 주식시장까지 띄우겠다는 심산이다. 자산가격이 올라가면 부의 효과Wealth Effect를 통해 가계 가처분소득이 늘고 소비가 확대되면 기업 제품 판매가 늘어나고 고용이 증가, 다시 가처

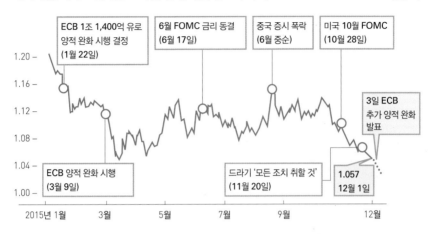

**패러티(달러와 교환비율 1:1)를 향해 가는 유로화 가치**　　　　(단위: %)

분소득이 확대되는 경제 선순환이 가능해진다. 이처럼 디플레이션 벼랑 끝에 선 ECB에게 유로화 약세 유도는 적절한 정책대응이다.

유로화 외에도 국제통화기금 특별인출권SDR 통화바스켓에 포함된 중국 위안화, 추가 양적완화 가능성이 높은 엔화 등 글로벌 기축 통화들이 모두 자국 통화가치 하락을 유도하고 있다. 때문에 달러값 강세기조가 한층 강화되는 슈퍼달러 시대 개막이 본격화되고 새로운 글로벌 경제 흐름이 나타날 것이라는 게 다보스 참석자들의 진단이었다. 이와 관련해 다보스포럼 현장에서 유로화와 달러화 가치가 1대 1로 같아지는 유로·달러 패러티Parity에 대한 이야기가 많이 나왔다. 실제로 유로화 가치는 2015년 10월 중순 이래 빠르게 하락했다. 유로화 값은 2015년 한 해 동안 달러화 대비 25% 가량 급락한 상태다. 유로화와 달러화가 패러티에 도달하게 되면 이는 2002년 12월

**글로벌 금융사 유로화 패러티 전망**

| 회사 | 3개월 후 | 1년 후 |
|---|---|---|
| 바클레이스 | 1 | 0.95 |
| BNP파리바 | 1.04 | 1.02 |
| 골드만삭스 | 1.02 | 0.95 |
| 모건스탠리 | 1.03 | 1 |
| 씨티 | 1.03 | 1.01 |
| 뱅크오브아메리카 | 1 | 1 |
| HSBC | 1.15 | 1.2 |
| 노무라 | 1.05 | 1 |

* 2015년 11월 30일 기준, 유로당 달러화    자료: 국제금융센터

유로값이 달러화를 추월한 이후 13년 만에 처음이 된다. 골드만삭스는 "올해 안에 유로화가 달러대비 0.95달러까지 떨어질 수 있다"고 내다봤다. 2016년 2월말 기준 달러화 대비 유로화 가치는 1.1달러 수준이다. 연초 1.05달러까지 달러화가 강세를 보인데서 다소 밀리기는 했지만 연준이 올해 추가 기준금리 인상에 나설 경우, 패러티에 근접할 것이라는 전망이 많다. 미국 경제 펀더멘털이 다른 주요국과 비교해 상대적으로 탄탄하다는 점도 달러 장기랠리에 힘을 실어주고 있다. 2월말 현재 달러값은 지난 2001년 정보기술IT 호황기에 비해 25% 가량 낮고, 원조 슈퍼달러 시대였던 1980년대 중반의 절반 수준이다. 달러화 추가 상승 여력이 상당하다는 얘기다. 슈퍼달러 시대 개막은 미국으로의 글로벌 유동성 유입을 의미한다. 고수익을 좇아 신흥국으로 빠져나갔던 돈이 기준금리 인상과 달러강세로 환차익 매력까지 커진 달러표시자산을 사기 위해 몰려들고 있다. 다만 슈퍼달러 귀환이 미국 경제에 독이 될지 약이 될지는 더 지켜봐야 한다. 국채로 자금이 몰리면 국채금리가 하향 안정화돼 투자활성화에 도움이 된다. 하지만 추가적인 달러강세는 미국 수출기업들에게 큰 부담이다. 달러강세로 해외에서 미국

수출품 가격이 높아져 가격경쟁력이 떨어지기 때문이다. 물론 미국 경제에서 수출이 차지하는 비중은 16~18%선으로 크지 않아 강달러를 크게 우려할 필요가 없다는 분석도 있다. 하지만 지속가능한 성장을 위해 제조업 활성화가 필요하다는 점에서 과도한 달러강세는 미국 경제에 부담이다. 반대로 달러강세는 신흥국 경제 수출에 도움이 되지만 자본유출면에서는 커다란 악재다. 달러 초강세로 달러 뭉칫돈 자금이 대거 유출돼 미국으로 이동하는 머니 무브가 본격화되는 상황이 벌어지면 신흥국은 외환 부족이라는 대혼란에 빠져들 수 있다. 슈퍼달러 시대 개막이 원자재 시장에 미치는 후폭풍도 만만찮다. 원유와 금 등 원자재는 달러가 결제통화다. 때문에 달러 값이 오르면 원자재 가격은 하방압력을 받게 된다. 대다수 다보스포럼 참석자들은 2003년 이후 13년만에 최고치로 치솟은 달러화가 오름세를 지속할 가능성이 크다고 봤다.

# CHAPTER 2

# 저유가 쇼크

## 저유가 장기화

2016년 글로벌 경제를 뒤흔들 또 다른 리스크는 바로 저유가 쇼크다. 지난 2014년 여름만 해도 배럴당 100달러를 넘어서며 고공행진을 했던 유가는 2016년 2월 들어 배럴당 20~30달러 선에서 움직였다. 1년 6개월 남짓한 사이에 유가가 70~80% 곤두박질 친 셈이다. 2016년 2월말 기준 국제유가는 2003년 5월 수준까지 떨어져 13년래 최저치에서 거래됐다.

일반적으로 유가가 하락하면 소비가 증가해 경제에 긍정적인 영향을 미치지만, 지난해 이후 유가하락세는 경제에 커다란 악재가 되고 있다. 재정적자가 눈덩이처럼 커져 비상이 걸린 산유국들은 도미노 디폴트 위기에 처했고 전 세계 원유 관련 기업들은 부도 위기를 맞으면서 글로벌 금융시장을 강타하고 있다. 올들어 글로벌 금융시장은 유가가 떨어질 때마다 크게 흔들리는 모습을 반복적으로 보여주고 있다. 유가하락폭이 가파라지면서 산유국 디폴트 위기가 높아지고 이에 따른 시장 충격 가능성을 우려하고 있기 때문이다.

국제유가 하락의 가장 큰 요인은 공급과잉이다. 전 세계적으로 하루 200만 배럴에 달하는 원유 공급과잉 현상이 이어지고 있다는 분석이다. 셰일발 혁명으로 미국산 원유생산이 급증한데다 석유수출국기구OPEC 회원국들은 시장점유율을 유지하기 위해 유가급락에도 불구하고 감산에 나서지 않고 있다. 대對 이란 경제제재가 해제되면서 이란은 올들어 오히려 생산량을 늘리고 있다. 경제제재 이전 수준으로 원유수출을 회복시키는 게 최우선 과제인 이란은 하루 평균 원유 수출량을 기존 130만 배럴에서 200만 배럴로 끌어올릴 방침이다. 다보스포럼에 참석한 하산 로하니 대통령의 최측근 모하마드 아그하 나하반디안 경제수석은 이란이 경제제재 이전 수준으로 원유 생산량을 늘리는데 방점을 두고 있다고 밝혔다. 경제제재 이전 수준의 석유시장 점유율을 되찾는 게 이란 정부의 최우선 과제라는 점을 명확히 한 셈이다. 중동 산유국에서 일평균 200만 배럴 이상 원유를 수출하는 곳은 사우디아라비아, 이라크, 아랍에미리트UAE 3개국이다.

유가급락으로 미국 셰일가스 업체 상당수가 유정수를 줄이고 있지만 당장 미국산 원유생산이 급감할 가능성도 크지 않다. 주민 IMF 부총재는 "국제유가 구조에 있어 중대한 변화가 있었는데 그것은 바로 셰일원유·가스의 등장"이라며 "셰일원유로 인해 국제유가에 천장Ceiling이 만들어졌고 OPEC은 가격결정권을 잃었다"고 진단했다. 결국 산유국 간 경쟁이 치열해지며 산유량이 늘어날 개연성이 크다는 진단이다. 또 지난 40년간 미국 석유업계 발목을 잡고 있던 수출금지 족쇄도 올해 풀렸다. 저유가때문에 당장 미

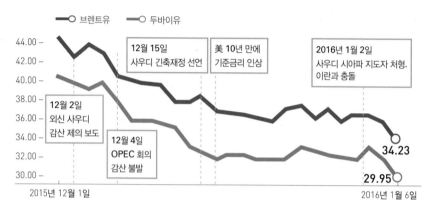

**바닥 없는 추락 거듭하는 국제유가**　　　　　　　　　　　　　(단위: 배럴당 달러)

- ●─○ 브렌트유　●─○ 두바이유

44.00 –
42.00 –
40.00 –
38.00 –
36.00 –
34.00 –
32.00 –
30.00 –

| 12월 15일 | 美 10년 만에 | 2016년 1월 2일 |
| 사우디 긴축재정 선언 | 기준금리 인상 | 사우디 시아파 지도자 처형. 이란과 충돌 |

**12월 2일**
외신 사우디
감산 제의 보도

**12월 4일**
OPEC 회의
감산 불발

34.23

29.95

2015년 12월 1일　　　　　　　　　　　　　　　　　　　2016년 1월 6일

국산 원유생산이 급증하지는 않겠지만 미국산 원유 수출이라는 또 다른 판매채널이 열리면서 미국 원유 생산이 장기적으로 10% 이상 늘어날 것이라는 게 시장조사기관 IHS의 분석이다. 지난해 미국의 일평균 산유량은 940만 배럴에 달해 최대 산유국인 사우디, 러시아와 어깨를 나란히 했다. 미국은 셰일혁명 후 꾸준히 원유 생산량을 늘려왔다. 지난해 미국 원유 생산량은 5년 전인 2010년 일평균 생산량 547만 6,000배럴 대비 70% 이상 증가한 것이다. 미국이 세계 원유시장에 다시 뛰어들면서 석유수출국기구와 러시아 등 기존 석유수출국과의 경쟁도 한층 치열해질 전망이다.

설상가상으로 원자재 블랙홀 역할을 했던 중국발 수요 위축이 겹쳐지면서 국제유가 하방압력이 커졌다. 위안화 약세와 달러화 강세도 유가하락을 부추겼다. 국제유가는 달러로 결제하는데 달러가치가 상승하면 달러표시 자산인 국제유가는 하락할 수밖에 없다. 국제유가가 수급과 상관없이 단순히 달러강세라는 통화현상만으로도 추가 하락할 수 있다. 모건스탠리는 달러값이 5% 추가 강세를 보이면 국제유가가 10~25% 추가하락한다고 분석했다. 세계은행wb은 국제유가가 2016년 배럴당 평균 37달러 선에 머물 것으로 전망하고 있다. 중국 등 신흥국 경제성장이 둔화된 탓에 2016년에도 원자재 의존도가 심한 국가들의 경제가 고전을 면치 못할 것이라는 진단이다. 역사적으로 원자재 가격이 하락하면 이에 대한 의존도가 높은 신흥국가들이 디폴트 위험에 빠지곤 했다.

다보스포럼 현장에서 소수이긴 하지만 하반기 유가 반등을 전망하는 목소리도 있었다. 브리티시페트롤리엄bp의 봅 더들리 CEO는 올 하반기부터 유가가 반등에 나설 것으로 기대했다. 더들리 CEO는 "국제유가 흐름과 관련해 올해는 상반기와 하반기가 극명하게 갈릴 것"이라며 "1~2분기에는 국제유가가 상당한 변동성을 보이겠지만 점차 재고가 줄어들면서 하반기에는 국제유가가 오름세로 방향을 잡을 것"으로 내다봤다. 그러면서 다보스포럼 기간 중 28달러 선까지 급락했던 국제유가가 50달러대까지 상승할 수 있을 것으로 진단했다.

## 저유가발 D의 공포와 오일머니 회수

현재 전 세계 대다수 국가들은 물가상승률을 높이기 위해 인플레이션 유발정책을 쓰고 있다. 지난 2008년 글로벌 금융위기 이후 주요 선진국들을 중심으로 글로벌 경제가 지나치게 낮은 물가상승률이 지속되는 '로플레이션Lowflation·Low Inflation' 상태에 빠져있기 때문이다. 저유가 등 뚝 떨어진 원자재

값이 물가상승률 하락을 부추겼고 이 같은 저물가가 투자, 소비 그리고 결국은 경제성장 발목을 잡게 된다는 점에서 글로벌 경제에 커다란 리스크다. 물가가 떨어지거나 거의 변동을 하지 않으면 기업들이 제품가격을 올리지 못해 기업수익이 쪼그라든다. 그렇게 되면 근로자들의 임금도 올라가지 못하고 가처분소득이 줄면서 수요기반이 약화돼 제품 판매가 더 줄어들고 물건을 팔지 못한 기업은 근로자를 해고하고 그렇게 되면 또 수요가 더 쪼그라드는 악순환에 빠질 수밖에 없다. 어느 정도의 인플레이션이 필요한 이유다. 때문에 주요국 중앙은행들이 연 2% 인플레이션 목표치 달성을 위해 올인한 상태다. 하지만 이러한 노력에도 불구하고 씨티은행에 따르면 주요 7개국(G7)의 지난해 물가상승률은 모두 2%를 밑돌았다. 지난 1932년 대공황 이후 처음 있는 일이다. 캐나다를 제외한 6개국의 물가상승률은 1%에도 도달하지 못할 정도로 디플레이션 압력이 커지고 있다.

저유가 장기화는 그렇지 않아도 심각한 디플레이션 압력을 더욱 키울 것으로 보인다. 국제유가가 떨어지면 에너지 비용이 하락하고 결국 생산자·소비자 물가를 끌어내리게 된다. 또 1년 이상 이어진 저유가 흐름때문에 산유국 재정적자가 급증, 이들 산유국들은 나라 운용에 필요한 재정확보에 비상이 걸린 상태다. 필요한 자금조달을 위해 산유국들이 글로벌 금융시장에서 자금을 끌어들일 수밖에 없다. 그런데 이미 부도위험이 높아지면서 조달금리가 폭증, 고금리로 자금을 당겨 쓸 수밖에 없기 때문에 갈수록 국채 이자부담도 커질 수밖에 없다.

산유국 위기는 곧바로 신흥국 위기로 연결된다. 산유국들의 주머니가 바

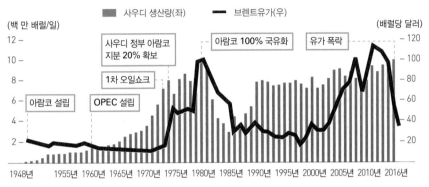

**사우디 원유 생산량과 유가**

■ 사우디 생산량(좌)　━ 브렌트유가(우)

(백 만 배럴/일)　　　　　　　　　　　　　　　　　　　　　　　　(배럴당 달러)

- 아람코 설립
- OPEC 설립
- 1차 오일쇼크
- 사우디 정부 아람코 지분 20% 확보
- 아람코 100% 국유화
- 유가 폭락

1948년　1955년 1960년 1965년 1970년 1975년 1980년 1985년 1990년 1995년 2000년 2005년 2010년 2016년

자료: 이코노미스트

닥을 보이면서 전 세계 금융시장에서 페트로달러 회수도 더 가속화될 수밖에 없기 때문이다. 당장 돈이 필요한 산유국들이 고유가 시절 전 세계에 투자했던 오일머니 회수에 들어가면 원자재 수출국이 아니더라도 신흥국들이 자금 압박을 받게 된다. 실제로 데이터조사업체 이베스트먼트에 따르면 각국 외환보유고를 기반으로 자산을 운용하는 국부펀드가 지난해 회수한 금액이 465억 달러(57조원)로 사상 최고치를 기록, 지난 2008년 글로벌 금융위기 때보다 더 많은 돈을 거둬들인 것으로 나타났다. 세계 5대 국부펀드 중 4개가 산유국 소유라는 점에서 저유가 사태로 재정구멍이 커지자 대거 자금회수에 나선 것으로 파악되고 있다.

## 흔들리는 OPEC 카르텔

곤두박질치는 국제유가때문에 디폴트(채무상환 불능) 위기에 처한 산유

## 이란 일간 원유 생산 추이·전망

(단위: 만 배럴)

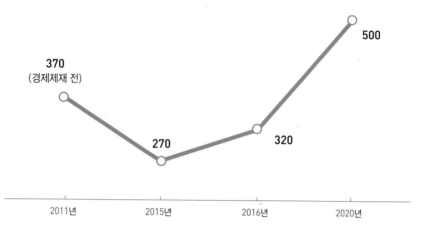

370
(경제제재 전)

270

320

500

2011년    2015년    2016년    2020년

자료: IEA

## 중동 주요 산유국 원유 매장량

(단위: 억 배럴)

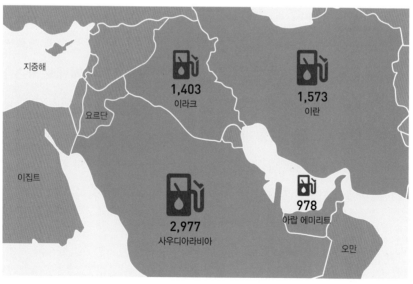

지중해

요르단

이집트

1,403
이라크

1,573
이란

2,977
사우디아라비아

978
아랍 에미리트

오만

*2014년 기준

자료: 블룸버그

국들이 선택할 수 있는 카드는 감산이다. 감산을 통한 원유 공급과잉 해소는 날개 없는 추락을 지속하고 있는 저유가 추세에 브레이크를 걸 수 있는 유일한 탈출구다. 상식적으로 감산을 택해 유가 반등을 이끄는 게 산유국들이 당연히 취해야 할 대응일 것 같다. 그런데 지난 수십 년간 국제유가를 쥐락펴락해온 OPEC이 좀처럼 감산에 합의하지 못하고 있다. 석유시장을 둘러싼 급격한 환경 변화 때문이다. 일단 미국발 셰일혁명이다. 최첨단 셰일기술개발로 미국 원유 생산량은 세계 최대 산유국인 사우디, 러시아와 어깨를 나란히 할 정도로 급증했다. 이처럼 셰일혁명으로 셰일원유·가스 생산이 급증, OPEC 유가가격결정권이 약화되고 있다. 여기에다 러시아 등 비非OPEC 산유국들은 생산량을 오히려 늘리는 추세다. 저유가 상황에서 재정수입이 급감하자 생산량을 늘려 확 쪼그라든 세입을 보전하는 전략을 취하고 있기 때문이다. 이로 인해 원유수입원 확보 경쟁이 치열하게 전개되면서 석유 덤핑까지 횡행하는 상황까지 나타나고 있다. 이처럼 미국산 셰일원유와 비 OPEC 회원국들의 원유 생산량이 급증하면서 OPEC이 독자적으로 감산결정을 내려봤자 유가반등 효과가 반감될 수밖에 없다. OPEC이 감산에 나서더라도 미국산 셰일원유 생산과 러시아 등 비 OPEC 회원국들이 증산에 나설 경우, OPEC 산유국 시장점유율만 비 OPEC 산유국에 넘겨주는 최악의 사태가 벌어질 수 있기 때문이다. 이처럼 확 바뀐 유가방정식 때문에 OPEC은 비 OPEC 회원국들이 감산에 동참해야만 감산결정을 내릴 것이라는 점을 명확히 하고 있다.

OPEC이 유가하락을 통한 치킨게임에 돌입, 미국발 셰일혁명에 브레이

**위기에 처한 산유국들 원유 의존도**

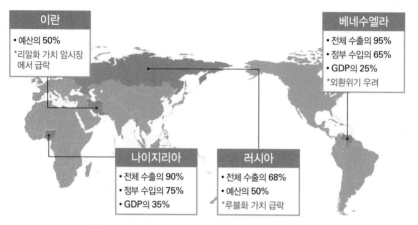

이란
• 예산의 50%
*리알화 가치 암시장에서 급락

베네수엘라
• 전체 수출의 95%
• 정부 수입의 65%
• GDP의 25%
*외환위기 우려

나이지리아
• 전체 수출의 90%
• 정부 수입의 75%
• GDP의 35%

러시아
• 전체 수출의 68%
• 예산의 50%
*루블화 가치 급락

자료: 블룸버그·월스트리트저널

크를 걸고 셰일업체들을 고사시키려 하는 점도 감산 장애물이다. 이번 기회에 원유 생산비용이 상대적으로 중동 산유국보다 높은 미국 셰일업체들을 몰아내야만 장기적으로 OPEC이 다시 가격결정권을 강화할 수 있다고 보기 때문이다. OPEC 맹주인 사우디아라비아는 미국 셰일업체를 고사시키기 위해 치킨게임을 지속한다는 입장이다. 여기에다 OPEC 회원국 간 원유 생산 단가가 천양지차이고 이해관계가 다른 점도 OPEC 회원국 간 갈등과 마찰을 심화시키고 있다.

사우디, 카타르, 쿠웨이트, 아랍에미리트 등 부유한 걸프협력회의GCC 국가들은 감산 대신 셰일업체 줄부도쪽에 베팅한 상태다. 반면 상대적으로 석유 생산비용이 높은 리비아, 이라크, 나이지리아, 알제리, 베네수엘라 등은 감산을 통한 유가상승을 학수고대하고 있다. 저유가로 국가 디폴트 위기에 내몰린 베네수엘라 등 대다수 산유국 경제가 한계 상황으로 내몰리면서 미국 셰일업계를 무너뜨리기 전에 일부 OPEC 회원국들이 먼저 무너질 위기에 처한 상태다. 서방 경제제재에서 해제된 OPEC 회원국 이란은 경제제재 이전 산유량을 회복하는 게 급선무인 만큼 OPEC이 감산에 합의하더라도 이란은 예외적용을 받아야 한다는 입장을 고수하고 있다.

이처럼 OPEC 회원국 간 반목이 심화되면서 지난 1960년 창설돼 반세기가 넘는 동안 국제 석유시장을 쥐락펴락해온 OPEC 카르텔에 균열이 생기고 있다. 일부 다보스포럼 참석자들은 이 같은 균열이 심각해지면 OPEC 카르텔 붕괴로 연결될 수 있다는 주장을 내놓기도 했다.

## 저유가 쇼크발 산유국 경제 파탄

저유가 쇼크로 산유국 경제가 뿌리째 뒤흔들리고 있다. 지난 수십 년간 유가가 고공행진을 이어오면서 산유국 곳간은 오일달러로 넘쳐났다. 비민주적 독재정권에 대한 국민들의 불만과 민주화 의지를 약화시키기 위해 대다수 중동 산유국들은 복지비용을 대폭 늘리는데 오일머니를 펑펑 썼다. 그래도 남아도는 오일머니는 국부펀드를 통해 전 세계 금융시장에 투자했다. 이를 통해 오일머니가 글로벌 기업인수합병M&A 시장에서 큰손 역할을 해왔다. 하지만 올들어 유가가 지난 2014년 정점 대비 70~80% 폭락하면서 상황이 급변했다. 페트로머니가 말라붙으면서 세입이 급감, 산유국 재정적자가 눈덩이처럼 커지고 있다. 재정부족으로 해외에서 국채를 발행, 해외투자자들에게 손을 벌려야 하는 것은 물론 수십 년간 손을 대지 않았던 국내 휘발

**속속 자구책 내놓는 산유국**

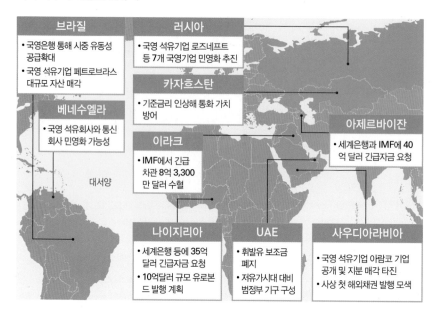

**브라질**
- 국영은행 통해 시중 유동성 공급확대
- 국영 석유기업 페트로브라스 대규모 자산 매각

**러시아**
- 국영 석유기업 로즈네프트 등 7개 국영기업 민영화 추진

**카자흐스탄**
- 기준금리 인상해 통화 가치 방어

**베네수엘라**
- 국영 석유회사와 통신회사 민영화 가능성

**이라크**
- IMF에서 긴급 차관 8억 3,300만 달러 수혈

대서양

**아제르바이잔**
- 세계은행과 IMF에 40억 달러 긴급자금 요청

**나이지리아**
- 세계은행 등에 35억 달러 긴급자금 요청
- 10억달러 규모 유로본드 발행 계획

**UAE**
- 휘발유 보조금 폐지
- 저유가시대 대비 범정부 기구 구성

**사우디아라비아**
- 국영 석유기업 아람코 기업 공개 및 지분 매각 타진
- 사상 첫 해외채권 발행 모색

유값을 올려야 하는 상황으로 내몰리고 있다. 오일머니가 넘쳐날 때는 걷지도 않았던 세금까지 징수하고 나서면서 국민들의 불만은 커지고 사회 분위기도 흉흉해지고 있다. 더 이상 감당할 수 없을 만큼 커진 정부지출을 확 줄이고 세금을 부과하는 등 비상수단을 총동원하고 있지만 외환부족에 따른 디폴트 위기설이 끊이지 않는 게 산유국 경제 현주소다.

국제통화기금에 따르면 사우디아라비아 등 걸프협력회의 6개 중동 산유국 재정적자가 급증, 지난해 국내총생산 대비 재정적자가 10%선을 훌쩍 넘어섰다. 세계 최대 산유국 사우디의 지난해 재정적자는 GDP 대비 15% 수

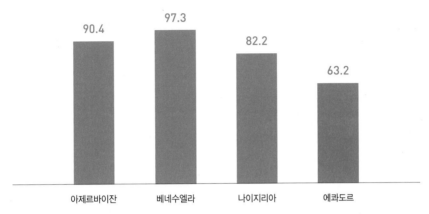

**세계은행 구제금융 검토 대상국 석유수출 의존도**　　　　　　　　(단위: %)

- 아제르바이잔: 90.4
- 베네수엘라: 97.3
- 나이지리아: 82.2
- 에콰도르: 63.2

*2013년 기준, 원유·정제유　　　　　　　　　　　　　　　자료: 프랑스국제경제연구소

준인 980억 달러였다. 건국 83년 만에 가장 많은 재정적자였다. 그런데 올해는 더 심각하다. 2016년 사우디 재정적자가 1,300억 달러까지 치솟아, GDP의 19.5%에 달할 것이란 암울한 분석이 나오고 있다.

아시아 최대 원유수출국 중 하나로 원유수출이 재정수입의 60%를 차지하는 말레이시아도 유가하락으로 비상이 걸렸다. 저유가 추세가 장기화되면 말레이시아 재정적자가 지난 1997년 IMF 외환위기 때만큼 심각해질 것이라는 진단이다. 앙골라, 남아프리카 공화국, 나이지리아 등 아프리카 산유국도 재정이 거덜 나면서 통화가치가 사상최저 수준으로 떨어졌다.

원유, 원자재 수출에 목을 매는 남미국가들도 저유가 충격으로 신음하고 있다. 유가가 고공행진을 거듭할 때 중동 산유국들처럼 오일머니를 연금과 복지에 쏟아 부었던 남미 경제는 유가급락으로 재정이 거덜 난 상태다.

재정상황이 최악으로 치달으면서 산유국 국가 신용등급은 날개 없는 추락을 거듭하고 있다. 지난 2016년 2월 국제 신용평가사 스탠더드앤푸어스S&P는 사우디 신용등급을 A+에서 A-로 한꺼번에 두 단계나 떨어뜨렸다. 2015년 10월에도 신용등급이 한 단계 강등된 것을 포함하면 4개월간 신용등급이 3단계나 급락한 것이다. 사우디는 2015년만 해도 신용등급이 한국과 같은 AA-였지만 이제는 말레이시아와 동급이 됐다. 오만과 바레인의 신용등급도 역시 2단계 떨어졌고 바레인은 투기등급으로 내려앉았다. 지난해 투기등급으로 추락한 브라질 신용등급은 BB로 한 단계 더 내려 앉았다. 사우디, 바레인, 카타르 등 중동 산유국들의 부도 위험을 보여주는 신용부도스왑CDS 프리미엄도 사상 최고치다. CDS는 채권을 발행한 국가·기업이 부도났을 때 손실을 보상 받는 파생상품이다. 채무자의 부도위험이 커질수록 부도 보험료인 CDS 프리미엄은 상승한다.

석유수출이 전체 수출액의 90%를 넘어서는 중앙아시아 에너지 대국 아제르바이잔은 확대되는 재정적자와 외환부족 사태를 더 이상 견디지 못하고 국제통화기금과 세계은행에 구제금융을 신청했다. 유가가 급락해 재정이 악화되자 아제르바이잔은 해외로 나가는 외화에 20% 세금을 부과하는 자본통제에 나서는 한편 자국 통화 강세를 막기 위해 달러페그제까지 포기했지만 역부족이었다. 저유가 쇼크로 디폴트 위기에 내몰린 나이지리아도 세계은행 등 국제기구에 긴급대출을 요청했다. 산유국 중 아제르바이잔에 이어 두 번째이고 OPEC 회원국으로서는 처음으로 구제금융을 신청했다. 나이지리아의 경우, 세수의 3분의 2를 원유수출이 차지한다. 외환보유고는

200억 달러 수준에 불과해 사상 최저치로 떨어졌다. 남미 대표 산유국 아르헨티나도 월가 금융기관을 상대로 다시 손을 내밀었다. 국제통화기금과 세계은행은 에콰도르, 베네수엘라, 브라질 등 다른 산유국들의 상황도 예의주시하고 있다.

## 산유국 디폴트를 막아라

장기 저유가로 재정과 외환보유고가 바닥을 보이고 있는 산유국들이 도미노 부도 위기에 직면했다. 저유가에 따른 오일달러 축소는 중동지역 유동성을 더욱 말라붙게 할 것으로 보인다. 저유가때문에 재정적자가 눈덩이처럼 커진 것은 물론 미국 기준금리 인상으로 자본유출 불안감까지 더해지는 최악의 시나리오가 펼쳐지면서 산유국 발등에 불이 떨어진 상태다. 감산 기대감 하나로 버텨왔지만 감산 구명줄을 기다리다 못해 지친 산유국들이 잇따라 이전에는 상상조차 할 수 없었던 자구책 마련에 나섰다. 우선 정부 지출을 줄이고 유가보조금을 삭감하는 등 긴축에 들어갔다. 세금까지 부과하고 나섰다.

사실 이 같은 조치는 과거에는 상상할 수 없었던 것들이다. 반민주적인 정치체제에 대한 불만과 민주화 열망을 누그러뜨리기 위해 오일머니를 기반으로 풍족한 복지와 비과세 정책으로 정권을 유지해왔기 때문이다. 이 같은 경제적 복지혜택이 사라지면 국민들의 불만이 커져 정권 존립자체가 도전받을 수 있다. 이러한 리스크에도 불구하고 산유국들이 극약처방에 나선 것은 더 이상 버티기 힘든 상황에 맞닥뜨렸기 때문이다. 저유가 강편치에 휘청거리고 있는 아랍에미리트 등 걸프협력회의 6개 회원국은 사상 처음으로 부가가치세 도입에 나섰다. 세금이 없는 나라인 UAE가 과세로 정책 방향을 틀었다는 것은 그만큼 재정적자가 심각하다는 방증이다. UAE는 재정지출을 줄이기 위해 연료보조금을 폐지하고 휘발유 가격을 24% 올리는 비상조치를 취했다. 유가반등이 쉽지 않을 것이라는 공감대가 형성되면서 재정적으로 그나마 양호했던 사우디까지 2016년 정부지출을 대폭 줄이고 유가보조금을 삭감하고 나섰다. 사우디는 사상 처음으로 올해 해외에서 국채를 발행, 재정부족분을 메울 예정이다. 포퓰리즘이 판을 치는 베네수엘라에서도 저유가로 디폴트 위기에 직면하자 국가비상사태를 선포하고 국민들의 폭동 위험성을 무릅쓰고 국내 휘발유값을 등급에 따라 하루 새 13~60배나 올렸다. 산유국 중 가장 디폴트 가능성이 높은 것으로 분석되는 등 극약처방 없이는 국가경제 붕괴를 막을 수 없다는 절박함 때문이다. 그동안 정부재정을 투입해 휘발유값을 낮게 유지하고 있었는데 나라 곳간이 바닥을 드러내자 손을 들어버린 것이다. 베네수엘라가 기름값을 올린 것은 지난 1996년 이후 20년 만에 처음이다. 베네수엘라에서는 지난 1989년 저유가발 경제 위기에 직면, 휘발유값을 인상했다가 수백 명이 사망하는 폭동이 발생한 바 있다.

중동 산유국들은 국방비도 삭감했다. 세계 최대 무기시장 중 하나인 걸프지역에서 국방비가 삭감된 것은 10년 만에 처음이다. 러시아도 부도 위기에 내몰린 에너지기업 구제를 위해 중국에 돈을 빌리러 나섰다. 2016년 사상 처음으로 10억 달러 규모의 위안화 표시 국채 발행에 나설 예정이다. 저유가는 국영기업 민영화 바람도 불어넣고 있다. 에너지가 전체 수출의 70%에 달하는 러시아의 블라미디르 푸틴 대통령은 러시아 최대 석유기업 로즈네프트, 러시아 철도, VTB은행 등 알짜 국영기업 민영화 계획을 내놨다. 사우디는 세계 최대 석유기업 국영 아람코 기업공개와 지분매각 계획을 발표했다. 국영기업 지분을 팔아 부족한 재원을 보전하기 위해서다.

# CHAPTER 3

# 마이너스 금리 시대

## 마이너스 금리시대 개막

다보스포럼 세션에 참석한 구로다 하루히코 일본은행 총재는 "미국에 이어 일본까지 통화긴축으로 가면 세계 경제가 망가진다"며 "저유가때문에 인플레이션 하방압력이 커지고 있는데 2% 물가목표치 달성을 위해 뭐든지 다 할 것(Do Whatever It Takes)"이라고 밝혔다. 마리오 드라기 유럽중앙은행 총재가 유로존 경기부양을 위해 뭐든지 할 준비가 돼 있다고 한 발언을 그대로 따라한 셈이다. 참석자들은 구로다 총재 발언을 추가 양적완화 시행을 시사하는 것으로 받아들였다. 그리고 다보스포럼이 끝난 지 며칠 지나지 않은 2016년 1월 29일 구로다 총재는 실제로 추가적인 경기부양 조치를 내놨다. 어느 정도 시장이 추가 완화책을 예상하고는 있었지만 구로다 총재가 꺼내든 조치를 보고 모두 깜짝 놀랐다. 아무도 예상하지 못했던 마이너스금리 카드를 꺼내들었기 때문이다. "시장에 알려진 조치는 안 하니만 못하다"는 구로다 총재의 평소 소신대로 시장의 허를 찌르기 좋아하는 그가 내놓은

구로다 하루히코 일본은행 총재가 일본의 추가 양적완화를 시사하고 있다.

깜짝 카드였다. 연 80조 엔(800조 원)대 양적완화 등 경기부양을 위한 아베노믹스 정책에도 불구하고 일본 경기 모멘텀이 확 살아나지 않고 침체와 회복을 반복하는 저성장 구조에서 벗어나지 못하자 마이너스 금리라는 극약처방을 내린 것이다. 중국 경기둔화와 원유가격 급락 등의 여파로 소비, 생산이 타격을 받으면서 디플레 탈출 목표가 위협 받고 있는 점도 작용했다. 일본은행은 2016년 물가상승률 전망치를 기존 1.4%에서 0.8%로 크게 낮춘 상태다. 지난해 4분기 GDP 성장률이 마이너스를 기록, 2분기만에 다시 역성장으로 돌아서 시장을 실망시켰다.

## 확대되는 마이너스 클럽

마이너스 금리를 채택한 것은 BOJ가 처음이 아니다. 일본에 앞서 덴마크, 스위스, 스웨덴 등 유럽 국가들과 2015년 말 유럽중앙은행이 경기부양과 자국 통화가치 강세 차단을 위해 마이너스 금리를 채택했다. 일본까지 마이너스 금리 클럽에 가입하면서 전 세계 국내총생산의 4분의 1(23.1%) 가까이를 차지하는 경제권이 사상 초유의 마이너스 금리정책을 선택하게 됐다. 금리를 마이너스 수준으로 처음 내린 나라는 덴마크다. 지난 2012년 덴마크중앙은행은 기준금리인 예금금리를 마이너스로 낮췄다. 이후 2년 뒤인 2014년 스위스중앙은행SNB이 기준금리를 마이너스로 떨어뜨렸다. 그리고 2015년 초와 말 스웨덴과 유럽중앙은행이 마이너스 금리 대열에 동참했다. 앞으로 마이너스 금리를 채택할 가능성이 높은 국가로는 캐나다, 체코, 노르웨이, 이스라엘, 대만 등이 첫손에 꼽히고 있다. 심지어 재닛 옐런 미국 연방준비제도이사회 의장도 지난 2월 의회 청문회에 참석, 주변국들의 마이너스 금리 채택에 대해 연구하고 있다고 발언, 미국도 마이너스 금리 채택여부에 대한 조사에 들어간 것으로 드러났다.

JP모건에 따르면 마이너스 금리로 거래되는 전 세계 국채 규모는 사상 최대치인 5조 5,000억 달러(6,600조 원)를 돌파했다. 국채금리가 마이너스라는 것은 국채를 사는 투자자들이 이자를 내야 한다는 얘기다. 국채 원금보다 더 많은 돈을 내고 국채를 사는 것이나 마찬가지다. 일견 상식적으로 이해가 안 되지만 마이너스 금리로 국채를 사는 투자자들이 생겨나는 것은 투자 규정 때문이다. 은행 등 기관투자가들의 경우, 투자포트폴리오에 무조

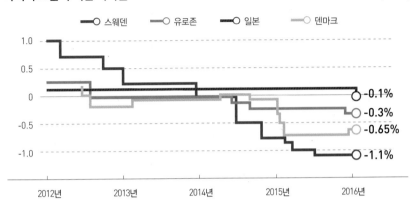

**마이너스 금리 택한 나라들**　　　　　　　　　　　　　　　　　　(단위: %)

스웨덴　유로존　일본　덴마크

-0.1%
-0.3%
-0.65%
-1.1%

2012년　2013년　2014년　2015년　2016년

건 안정성이 높은 국채를 일정액 채워 넣어야 한다. 또 트레이딩을 통해 자본이익을 내기위해 마이너스 국채를 거래하는 투자자들이 적지 않다. 만기까지 마이너스 국채를 보유하면 손실을 본다. 하지만 앞으로 국채금리가 더 떨어질 것으로 예상한다면 마이너스 금리 국채를 사는 게 이익이 될 수 있다. 만기 전 마이너스 금리가 추가 하락할 때(국채가격은 상승) 시장에서 보유 국채를 매도해 자본차익을 얻을 수 있기 때문이다. 한 번도 경험해 본 적이 없는 미지의 마이너스 금리 정책이 첫 발을 뗀 데다 향후 마이너스 금리 폭과 적용 대상도 확대될 가능성이 커지면서 금융시장도 마이너스 금리 후폭풍에 촉각을 곤두세우고 있다.

## 왜 마이너스 금리인가

마이너스 기준금리 채택이 잇따르고 있는 것은 대대적인 국채 매입을 통한 양적완화만으로는 경기를 살리지 못하고 디플레이션 우려를 불식시키는데 역부족이라는 판단 때문이다. 유럽과 일본은 양적완화와 마이너스 금리라는 두 가지 강력한 통화팽창 조치를 동시에 시행하게 됐다.

구로다 하루히코 총재가 내놓은 마이너스 금리 정책은 시중은행이 중앙은행인$_{BOJ}$에 예치하는 당좌예금(초과지불준비금) 일부에 대해 -0.1% 금리를 적용하는 것이다. 전 세계 모든 은행들은 고객들의 예금인출에 대비해 법적으로 중앙은행에 전체 예금의 일부를 법정준비금으로 맡겨둬야 한다. 대다수 은행들이 법정준비금 이상으로 중앙은행에 돈을 예치해두는데 이때 중앙은행은 법정준비금을 넘어서는 초과지불준비금에 대해 일정수준의 이자를 준다. 그런데 시중은행이 중앙은행인 일본은행에 법정 지불준비금 이상으로 맡기는 초과지준에 대해 마이너스 금리를 물리게 되면 시중은행은 초과지준을 맡긴 대가로 이자를 받는 대신 보관료를 일본은행에 지불해야 한다. 이 때문에 시중은행들이 중앙은행에 돈을 예치하는 대신 가계·기업 대출을 늘리는 게 더 이익이 된다. 이처럼 시중은행들이 중앙은행을 상대로 돈놀이를 하는 대신 대출을 늘리도록 유도, 가계 소비와 기업 투자가 늘어나도록 하는 게 마이너스 금리정책의 목표다. 또 마이너스 금리 시대에는 은행에 돈을 맡겨 놔봤자 인플레이션으로 갈수록 돈의 가치만 떨어지기 때문에 부동산 등 실물자산 매입수요가 늘어 부동산 시장 활성화로 연결될 수 있다. 또 저축보다는 소비를 선호하게 돼 총수요가 늘고 경기도 활성화될 것이라는 게 마이너스 금리를 선택한 중앙은행의 속내다.

마이너스 금리 도입의 또 다른 노림수는 바로 엔화의 추가적인 약세다.

**마이너스 금리 파급효과**

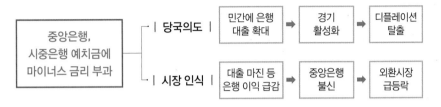

마이너스 금리를 도입하면 해당 국가 통화가치는 떨어지게 된다. 돈의 값인 금리가 마이너스가 됐기 때문이다. BOJ의 마이너스 금리 도입으로 엔화표시 채권의 투자매력도 줄어든다. 이를 통해 엔화 약세가 진행되면 전 세계 시장에서 일본 수출기업들의 가격경쟁력이 더욱 커져 일본 경제 회복 모멘텀이 강해질 수 있다. 또 디플레이션 압력이 심각한 상황에서 엔저 추세가 강화되면 수입물가 상승으로 연결돼 물가상승률을 끌어올리는 역할을 할 수도 있다.

이처럼 마이너스 금리를 채택한 대다수 국가들은 자국 통화가치 약세를 유도하기 위해 마이너스 금리를 채택했다. GDP 대비 200%를 훌쩍 넘어서는 막대한 국가부채를 안고 있는 일본 국가재정에도 도움이 된다. 마이너스 금리 도입으로 국채금리가 덩달아 떨어지면 국채이자 상환 부담이 줄어들기 때문이다. 일본 국채 장기금리(10년물)는 2월 중 0.09%까지 떨어져 사상 처음으로 0.1%가 무너졌다.

## 개인고객도 마이너스 금리?

일본은행이 도입한 마이너스 금리가 개인이나 기업 예금 금리에도 적용되는 것은 아니다. 은행이 예금자들에게 마이너스 금리를 부과한다면 예금자들은 은행에서 돈을 맡긴 대가로 이자를 받는 대신 은행에 돈을 맡긴 수수료 즉 보관료를 지불해야 한다. 은행에 돈을 맡겨놓으면 오히려 예금액이 줄어드는 사태가 발생하는 셈이다. 이렇게 되면 고객들이 은행에 돈을 맡길 유인이 사라진다. 결국 모든 돈을 인출해 집에 보관하는 게 낫다. 시중 은행들은 이 같은 예금자 이탈이 우려되기 때문에 예금금리에 마이너스 금리를 적용하기 어렵다. 마이너스 금리 시대에는 주택대출의 경우, 빌린 돈보다 갚는 돈이 더 적어질 수 있다. 이 경우 대출이 무제한도로 확대될 수 있기 때문에 마이너스 예금·대출 금리가 현실화되기 힘들다. 구로다 총재가 "마이너스 금리가 개인 예금에 적용될 가능성이 없다"고 선을 그은 것은 이 때문이다.

이처럼 개인 예금까지 마이너스 금리 적용을 받는 것은 아니지만 일반 예금자도 마이너스 금리 충격파에서 벗어날 수는 없다. 일본은행의 마이너스 금리 도입 후 시중 은행들은 앞 다투어 예금 금리를 사상 최저치로 끌어내리고 있다. 3대 메가뱅크 중 하나인 미쓰이스미토모은행 등은 보통예금 금리를 연 0.02%에서 0.001%로 하향 조정, 20분의 1 수준으로 낮췄다. 1억 엔(10억 원)을 1년간 예금해도 세금 등을 떼고 나면 연 이자가 800엔(8,000원)에 불과하다. 실질적으로 예금이자에 대해 마이너스는 아니지만 아예 이자를 주지 않는 것이나 마찬가지다. 개인고객들은 이자수익을 노리고 돈을 예금하기보다는 보관의 편의를 위해 은행을 이용하는 식으로 은행 이용에 대한 생각을 바꿔야 하는 마이너스 금리 시대의 새로운 풍속도가 나타나고 있는 셈이다.

한발 더 나아가 각국 중앙은행들이 마이너스 금리 폭을 더 확대될 경우, 일부 개인과 기업 예금주를 상대로 은행이 마이너스 예금금리를 적용하는 사례가 나타날 수도 있다. 마이너스 금리로 가장 큰 타격을 받는 대상은 은행이다. 은행은 예금금리와 대출금리 차이에서 나오는 예대마진이 주요 수익원인데 마이너스 금리로 이자수익이 확 줄어들면서 수익성이 악화될 수밖에 없다. 때문에 생존차원에서 일부 예금에 대해 수수료 형식의 마이너스 금리 적용을 적극 검토할 수 있다. 실제로 스위스 소형은행 슈바이츠대안은행은 모든 개인고객 예금에 -0.125%의 마이너스 금리를 부과하고 있다. 대형 은행들은 거액을 은행에 맡겨놓고 있는 큰 손 개인고객과 기업고객을 상대로 마이너스 금리를 도입할 수 있다. 소액 예금자의 경우, 마이너스 예금금리를 물리면 돈을 빼내 집안 장롱에 예치해 놓겠지만 거액 예금은 돈을 빼낸 뒤 보관과 관리가 쉽지 않아 어느 정도 보관료를 물더라도 은행에 그냥 놔둘 가능성이 높기 때문이다.

미쓰비시도쿄FUJ은행은 기업 보통예금에 수수료를 부과하는 방안을 검토하고 있다. 국채금리도 마이너스로 전환돼 돈 굴릴 곳이 마땅치 않은 마당에 기업 예금이 계속 들어오면 수익이 오히려 악화되기 때문이다.

## 마이너스 금리와 초고액권 폐지

최근 유럽중앙은행은 초고액권인 500유로(69만 원) 지폐 폐지를 검토하고 있다고 공식적으로 밝혔다. 스위스에서도 최고액권인 1,000스위스프랑(123만 원)을 없애야한다는 목소리가 커지고 있다. 폐지 배경으로 고액권이 탈세, 마약거래, 테러자금 등 범죄 목적으로 사용될 수 있기 때문이라고 설명했다. 고액권을 없애는 대신 최신 추세인 핀테크 등 전자거래 활용도를 더 높여 자금흐름의 투명성을 높이겠다는 주장이다.

하지만 갑작스런 폐지 배경에는 마이너스 금리 시대 개막에 맞춰 시장혼란을 없애기 위한 의도가 숨어 있다는 분석이 적지 않다. 마이너스 금리 상황에서 은행에 돈을 넣어두면 은행에 보관료를 되레 물어야 한다. 때문에 예금주는 은행에 돈을 맡기는 대신 예금을 인출해 현찰로 보유하는 게 더 유리하다. 하지만 이런 상황이 벌어지면 뱅크런(대규모 예금인출)이 벌어져 은행이 유동성 위기를 겪게 되고 은행 수익성도 확 떨어지게 돼 금융시장 혼란이 커지게 된다. 이런 상황이 벌어지는 것을 막으려면 마이너스 금리 하에서도 고객들이 은행돈 인출을 하지 않도록 하는 조치가 필요하다. 이때 이 같은 목적을 달성할 수 있는 수단으로 등장하는 것이 바로 고액권 폐지다.

고액권이 없다고 가정해보자. 고액권이 폐지된다면 예금을 인출한 고객들은 현금 보관에 애를 먹을 수밖에 없다. 고액권이 있다면 현찰의 물리적인 사이즈를 줄일 수 있겠지만 고액권이 폐지되면 일단 더 큰 보관 장소가 필요하다. 예금인출 규모가 커질수록 현금보유에 따른 보관과 관리 부담이 커진다. 현금관리, 보관비용이 은행 마이너스 금리보다 더 커진다면 예금주들은 마이너스 금리 하에서도 은행에 그대로 돈을 맡겨놓고 인출에 나서지 않게 된다. 은행에 돈을 예치함으로써 얻는 은행서비스가 주는 혜택이 상대적으로 더 크다는 판단이 서면 마이너스 금리를 받아들일 수 있다. 특히 거액의 돈을 입출금해야 하는 기업고객이나 큰 손 고객들의 경우에는 더욱 그렇다. 고액권 폐지는 물론 마이너스 금리 시대에 맞춰 '현금없는 사회'를 만들어나가야 한다는 주장까지 나오고 있다. 현찰 화폐를 없애고 사이버 머니를 활용하면 마이너스 금리제도를 더 쉽게 도입할 수 있기 때문이다.

## 마이너스 금리의 역습

일본은행이 마이너스 금리를 선택한 것은 시중은행 대출확대와 가계 소비 유도 그리고 엔화가치 절하를 통한 일본 수출업체 가격경쟁력 개선과 일본 주식시장 부양을 통한 부의 효과 확대를 위해서였다. 이들 통해 다시 한 번 일본 경제 성장모멘텀을 확 키우겠다는 게 마이너스 금리 정책 도입 이유다. 그런데 기대와는 달리 엔화가치가 추가 하락하기는커녕 폭등했고 일본 증시는 폭락을 거듭하는 등 마이너스 금리도입 목적과 정반대 방향으로 금융시장이 전개되면서 시장 불안감이 일파만파로 확대됐다. 경제 상식과는 정반대 상황이 연출된 셈이다.

이처럼 마이너스 금리 후폭풍이 커진 데는 몇 가지 이유가 있다. 먼저 은행주 폭락이다. 은행들은 그렇지 않아도 줄도산에 직면한 에너지기업들에게 빌려준 대출자산 회수가 어려워지면서 부실채권이 급증하는 어려움을

**마이너스 금리 시행 후 강세로 돌아선 엔화값**

(단위: 달러당 엔)

| 2012년 12월 16일 | 12월 26일 | 2015년 12월 18일 | 2016년 1월 29일 |
| --- | --- | --- | --- |
| 자민·공명당, 중의원 선거 승리 | 아베 2차 내각 발족 | 미국 연준 0.25%포인트 금리 인상 | 일본은행 마이너스 금리 도입 결정 |

| 2013년 4월 4일 | 2014년 10월 31일 | 2월 9일 |
| --- | --- | --- |
| 일본은행 1차 양적 완화 | 일본은행 2차 양적 완화 | 일본 장기 금리 첫 마이너스 |

**114.66**

겪고 있다. 이런 상황에서 마이너스 금리로 예대마진이 줄어 은행 수익성이 추가 악화되면 생존기반이 흔들릴 수 있다는 공포감이 확산됐다. 이 때문에 투자심리가 싸늘하게 식어 내리면서 은행주 주가가 곤두박질쳤다. 은행주 급락으로 시장전반이 흔들리면서 올해 2월 닛케이평균지수는 1년 4개월 만에 처음으로 심리적 저지선인 1만 5,000선 아래로 떨어져 구로다 하루히코 BOJ 총재를 당혹스럽게 만들었다.

이처럼 마이너스 금리 하에서는 은행들의 예대마진이 급격히 축소될 수밖에 없어 은행 비즈니스 모델이 제대로 작동하기 힘들다. 덴마크 은행연합회에 따르면 마이너스 금리는 매년 은행들에게 10억 크로네(1,800억 원)의 손실을 입히고 있다. 글로벌 경기 침체에다 에너지산업 붕괴로 유럽계 은행들의 수익성과 자본건전성이 크게 악화될 개연성이 크다.

지난 2월초 독일 최대 은행 도이체방크 주가가 40% 가까이 폭락하는 사태가 발생했다. BNP파리바, 바클레이스 등 다른 유로존 은행 주가도 급락, 유로존 은행발 글로벌 금융위기설이 급부상했다. 대혼란의 발단은 실적악화에 빠진 도이체방크가 우발 후순위 전환사채CoCo bond, 코코본드 이자를 상환하기 힘들 것이라는 전망 때문이었다. 유럽 은행들의 자본확충 수단으로 많이 활용되는 코코본드는 평소에는 채권처럼 거래되다가 은행 자본비율이 당국 규제 수준을 밑돌면 주식으로 전환된다. 수익률이 일반 채권보다 높지만 투자 리스크도 그만큼 높다. 도이체방크 주가가 폭락하자 일부 투자자들은 지난 2008년 글로벌 금융위기 발단이 된 리먼 브러더스 파산을 떠올렸다. 에너지업체 파산에 따른 부실채권 증가 외에 유럽 지역에 급속도로 확산되는 마이너스 금리 때문에 앞으로 은행 수익이 장기적으로 더 악화될 것이라는 불안감이 확산됐다.

또 마이너스 금리 때문에 은행 수익이 줄면 BOJ의 기대와는 달리 은행 대출 능력이 오히려 쪼그라들 수도 있다. 마이너스 금리조치를 통해 시중은행들이 가계와 기업에 보다 많은 대출을 하도록 유도하겠다는 목표가 물거품이 될 수 있다는 얘기다. 설상가상으로 유럽은행 은행주 위기까지 불거지면서 전 세계 시장에서 안전자산 수요가 급증, 엔화가 급등세로 돌아서면서 수출업체 가격경쟁력 강화 목표도 흔들리고 있다. 미국과 일본 국채, 엔화, 금은 글로벌 금융시장 전망이 불확실해지고 시장 공포감이 극단으로 치달을 때 글로벌 유동성이 피난처로 삼는 대표적인 안전자산이다.

마이너스 금리는 부동산 등 자산거품을 키우는 부작용을 초래할 수 있다. 덴마크 단기 주택담보대출 금리는 마이너스다. 때문에 대출 수요가 폭증했고 차입한 돈이 부동산 등에 집중적으로 유입되면서 수도 코펜하겐을 중심으로 자산가격이 거품수준으로 치솟은 상태다. 지난 2008년 글로벌 금융위기 때 자산가격 폭락을 겪었는데 또 한 번의 자산가격 거품 붕괴 위기에 직면한 상태다. 덴마크처럼 마이너스 금리를 도입한 나라들은 대부분 주택가격이 폭등하는 부동산 과열 현상을 경험했다.

마이너스 금리 도입으로 대표적인 단기상품인 마니마켓펀드ᴹᴹᶠ도 사라질 위기에 처했다. MMF는 단기상품에 투자해 수익을 내는 단기금융 상품이다. 그런데 마이너스 금리 도입으로 단기금융 상품 금리가 줄줄이 마이너스로 떨어지면서 수익을 내는 것 자체가 어려워졌다. 때문에 투자자들이 MMF에 돈을 맡길 이유가 사라지면서 MMF를 팔아왔던 금융기관들은 개점 휴업상태다. 전 세계 중앙은행들이 경기부양을 위해 앞다퉈 마이너스 금리를 도입하고 있지만 이것이 오히려 은행 시스템 위기를 가져와 경제를 위축시킬 수 있다는 불안감이 다보스포럼 현장에서 확산됐다.

## 중앙은행 실기론

지난 2008년 9월 글로벌 금융위기 후 전 세계 경제가 붕괴 직전까지 갔을 때 각국 정부가 천문학적 규모의 돈을 쏟아 부어 위기탈출에 나섰다. 세계적인 경기부양 공조 덕분에 세계 경제는 최악의 상황에서 벗어났지만 각국 재정적자는 심각한 수준으로 악화됐다. 국가 재정이 망가지면서 유로존 재정위기가 급부상했고 부양 효과 약발이 사라지면서 전 세계 경제는 좀처럼 강한 성장 모멘텀을 회복하지 못했다. 글로벌 금융위기 후 글로벌 저성장과 저인플레이션이 '뉴노멀'이 됐다.

　재정정책 여지가 줄어들면서 경기부양 역할을 떠맡아온 것은 바로 각국 중앙은행이다. 경기가 회복국면에서 이탈, 침체국면으로 다시 고꾸라질 때마다 중앙은행은 전 세계 경제를 수렁에서 구해내는 백기사 역할을 해왔다. 금리를 역사상 최저수준인 제로금리로 낮춘 것은 물론 금리를 더 이상 내릴 수 없는 상황이 닥치자 중앙은행 발권력을 이용, 시장에서 무제한도로 국채를 사들이는 양적완화QE 정책을 펼쳐 시장이 돈으로 넘쳐나도록 했다. 이같은 양적완화, 제로금리 등을 통해 시장에 천문학적인 규모의 유동성을 풀어내는 사상 초유의 초강력 통화팽창 정책을 시행, 주식과 부동산 시장을 부양했다. 이를 통해 개인 가처분소득을 늘려 더 많은 소비를 하도록 유도, 경기를 활성화시키는 '부의 효과Wealth Effect'를 극대화했다. 중앙은행이 각국 경제를 구제하는 유일무이한 역할을 한 셈이다. 이처럼 중앙은행이 그동안 무소불위의 힘을 발휘해오면서 시장은 어려운 경제상황이 연출되면 중앙은행이 개입, 시장을 살려낼 것으로 기대해왔다. 중앙은행에 대한 시장 기대치와 의존도는 갈수록 높아졌고 시장은 과도하리만큼 중앙은행에 매달리게 됐다. 이런 상황에서 중앙은행 정책 신뢰도에 균열이 발생한다면 향후 글로벌 경제 전망에 심대한 타격을 줄 수밖에 없다. 중앙은행이 모든 문제를 해결할 수 없다는 깨달음이 확산되는 순간 시장불확실성이 급격히 높아지면서 글로벌 경제가 심각한 혼란에 빠질 수 있다는 경고성 발언이 다보스 포럼 현장에서 봇물 터지듯 쏟아진 것은 이 때문이다.

　이처럼 중앙은행에 대한 신뢰 상실은 시장에 큰 위협이다. 그런데 실제로 올들어 중앙은행이 글로벌 경제위기를 해소하기는 커녕 오히려 위기를 더 부추겼다는 중앙은행 실기론이 수면 위로 급부상하고 있다. 우선 일본중앙이 도마 위에 올랐다. BOJ는 경기부양을 위한 아베노믹스 일환으로 지난해부터 연간 80조 엔(820조 원)에 달하는 양적완화 조치를 시행하고 있다. 이 같은 초강력 금융완화 조치에도 불구하고 물가상승률은 BOJ 기대치에 턱없이 못 미치고 있다. 성장률도 플러스 성장과 마이너스 성장을 반복하는 등 좀처럼 강한 성장 모멘텀을 보여주지 못하고 있다. 때문에 구로다 하루히코 BOJ 총재는 2016년 1월말 마이너스 금리라는 파격적인 조치를 도입, 경기부양을 위한 마지막 카드까지 꺼내들었다. 그런데 기대했던 것과는 정반대로 시장이 움직이면서 궁지에 몰렸다. 마이너스 금리를 도입하면 다른 나라 기준금리와 차이가 커져 돈의 값이 떨어진 엔화를 팔아 달러나 유로화 등을 매입하려는 자금이 증가하게 된다. 이로 인해 엔화가치가 추가하락하는 게 정상이다. 이처럼 엔화가치 약세를 노리고 마이너스 금리를 도입했지만 엔화는 오히려 초강세로 돌아섰다. 마이너스 금리 도입으로 은행 실적이 나빠질 것이라는 불안감이 확산되면서 일본 은행주가 급락하는 한편 중국 경제의 가파른 둔화 공포, 유럽발 금융시장 불안과 원유가격 급락 등 혼란스런 대외변수때문에 글로벌 경제가 시계제로 상황으로 치닫자 안전자산인 엔화 매수세가 급증했기 때문이다. 이로 인해 일본 마이너스 금리 도입에도 불구하고 달러대비 엔화가치가 지난 2월중 110엔선까지 폭등, 1년 4개월래 최고치로 올라섰다.

아베노믹스 정책 핵심이 엔화 가치 절하라는 점에서 엔화 강세는 일본 정부로서는 커다란 부담이다. 엔화 강세로 수출 기업들의 실적이 떨어지면 경제성장률은 낮아지고 물가상승률 목표인 2% 달성도 어려워진다. 이처럼 통화정책 한계론이 급부상하면서 금융완화에 의존해온 아베노믹스가 중대 기로에 섰다는 분석이다.

또 엔화 강세는 일본 주식시장을 강타했다. 그동안 일본 증시는 엔화 약세라는 강력한 약발로 상승해왔다. 엔화약세가 일본 수출기업 경쟁력을 끌어올려 기업실적이 좋아지고 일본 경제성장에 도움이 될 것이라는 믿음이 강했기 때문이다. 기업실적 개선은 주식값 상승으로 이어지는 게 일반적이다. 실제로 지난 2014년 10월 31일 BOJ가 2차 양적완화를 단행, 엔화약세가 본격화되자 도쿄 증시는 순식간에 1만 6,000선을 뚫고 올라가 지난해 2만 1,000선까지 치솟았다. 하지만 마이너스 금리도입 후 엔화가 초강세로 돌아서면서 니케이지수는 2차 양적완화가 시행된 2014년 10월 31일 전날 수준인 1만 6,000선 아래로 되돌아가는 상황이 발생했다. BOJ가 2차 양적완화를 발표한 뒤 2월까지 1년 3개월여간 100조 엔(1,024조 원)의 돈을 시장에 쏟아 부었지만 주식시장 진작효과를 내지 못한 셈이다. 물가상승률 2% 달성시기마저 2017년도 상반기로 늦춘 상황에서 대외변수로 금융시장까지 흔들리면서 디플레 탈출 목표 달성이 더 어려워질 수밖에 없다는 지적이 나오는 이유다.

유럽중앙은행도 유로존 경기를 부양하고 인플레이션 유발을 위해 마이너스 금리를 -0.4%까지 추가로 떨어트리고 매달 800억 유로 규모의 채권매입 프로그램을 시행하고 있다. 하지만 물가상승률은 여전히 바닥권이고 마이너스 금리 때문에 유로존 은행 수익만 떨어뜨려 은행 파산을 부추길 수 있다는 비판의 목소리가 커지고 있다. 마이너스 금리 순기능보다 역효과가 부각되면서 글로벌 금융시장에서는 중앙은행의 마이너스 금리 통화정책 실험이 실패할 것이라는 우려가 확산되고 있다. 마이너스 금리발 충격은 중앙은행에 대한 시장 신뢰를 하락시켰다는 점에서 심각한 사안이다. 과거 금융위기는 중앙은행의 적극적인 대처를 통해 극복할 수 있었지만 이번에는 오히려 중앙은행이 시장 변동성과 불확실성을 키우고 있다는 점에서 중앙은행 정책 실기론까지 불거지고 있다.

재닛 옐런 미국 연방준비제도이사회 의장도 기준금리 인상 실기론에 직면한 상태다. 지난 1월 의회 청문회에 참석한 옐런 의장은 중국 경기둔화 등 외부여건이 악화되고 있음을 실토하고 "외부환경과 거시 경제지표가 악화되면 금리인상 속도를 늦출 수 있다"고 밝혔다. 중국발 금융 쇼크가 야기한 극심한 글로벌 금융시장 변동성을 견디다 못해 한발 뒤로 물러선 셈이다. 지난해 12월 금리인상 신호탄을 쏴 올리면서 통화정책 정상화를 외친지 두 달 만에 금리 인상 속도 후퇴를 공식적으로 언급한 것이다. 10년 만의 금리 인상을 개시하면서 2016년에 0.25% 포인트씩 네 차례 금리인상을 단행할 것이라는 전망이 많았지만 이제 시장에선 많아야 1~2회 인상에 그칠 것이라는 전망이 지배적이다. 일각에서는 중국발 경기 부진과 위안화 절하, 유가 급락 등 글로벌 악재들이 미국 경제를 압박하면서 오히려 금리를 다시 내려야 하는 것 아니냐는 주장도 대두되고 있다. 미 경기 진단이 어두워지자 지난해 12월 금리인상 단행 결정이 패착 아니냐는 지적까지 나오고 있다. 래리 서머스 전 미국 재무장관과 니얼 퍼거슨 하버드대 교수 등 여러 석학들이 벌써부터 연준 금리인상 실기 가능성을 경고하고 있다. 로고프 교수는 "연초부터 글로벌 시장이 혼란에 빠진 것은 중앙은행이 시장구제에 나서기 힘들 것이라는 인식때문"이라고 잘라 말했다. 로고프 교수는 "금리는 이미 제로 수준이거나 유럽이나 일본은 마이너스 금리다. 양적완화는 이미 피로단계에 들어섰다"며 "때문에 시장 상황이 악화되면 중앙은행이 과연 어떤 조치를 취할 수 있을지 조차 불확실한 상황"이라고 지적했다. 로고프 교수는 이 같은 깊은 불안감과 우려가 기업들로 하여금 투자를 미루게 만들고 결국 저성장 문제를 더욱 심각하게 만들 수 있다고 우려했다.

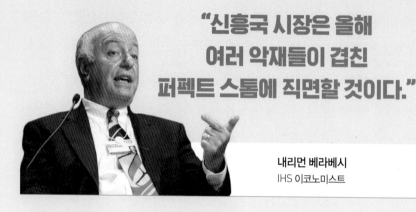

**"신흥국 시장은 올해
여러 악재들이 겹친
퍼펙트 스톰에 직면할 것이다."**

내리먼 베라베시
IHS 이코노미스트

　세계적인 시장조사기관 IHS의 내리먼 베라베시 수석이코노미스트는 "2016년 신흥국들은 미국 금리인상에 따른 후폭풍은 물론 수출 감소, 통화가치 추락, 원자재값 폭락, 증시 혼란 등으로 최악의 한해를 보낼 것"으로 진단했다. 특히 중국발 쇼크 여진이 이어지면서 신흥시장을 필두로 전 세계 시장이 커다란 변동성 위기에 놓일 것으로 봤다. 베라베시 이코노미스트는 "현재 중국은 구조적 문제, 저성장, 증시 폭락에 대한 정책 당국의 혼란스러운 대처 등으로 인해 끔찍한 상황에 놓여 있다"며 "중국 저성장 국면이 앞으로도 계속 이어질 것"으로 내다봤다. '차이나 쇼크'는 특히 중국 의존도가 높은 한국을 포함한 아시아권 국가에 직격탄이 될 것이라는 분석이다. 베라베시 이코노미스트는 "아시아 경제는 중국 변수에 매우 취약하다"며 "일부 국가들이 높은 수준의 달러 빚으로 신음하고 있고 통화가치 절하 압력이 이어지면서 성장의 발목이 잡힐 것"이라고 지적했다.

또 베라베시 이코노미스트는 "2016년 가장 큰 리스크 중 하나가 중국 위안화 평가절하로 촉발된 각국 통화전쟁"이라고 강조했다. 이미 출구전략에 나선 미국과 경기부양을 위해 돈 풀기에 여념이 없는 다른 나라 간 통화정책이 정반대로 움직이는 '그레이트디버전스Great Divergence'가 가속화되면서 글로벌 통화전쟁이 현실화되고 있다.

저성장 터널에서 벗어나지 못하고 있는 유로존에 대해 베라베시 이코노미스트는 "그렉시트(그리스의 EU탈퇴), 브렉시트(영국의 EU 탈퇴)가 현실화될 가능성이 낮기 때문에 유로존을 위협할 큰 변수는 없다"면서도 "올해 유로존은 1.4% 성장에 그쳐 저성장 국면이 지속될 것"으로 봤다. 반면 상대적으로 올해 강한 성장세가 예상되는 지역으로 미국과 인도를 꼽았다. 베라베시 이코노미스트는 "미국은 저유가와 내수 성장 덕에 올해 3% 성장을 할 것"이라며 "신흥국들이 올해 미국시장에서 기회를 찾아야할 것이다. 미국 첨단기술과 바이오산업 등이 큰 성장세를 보일 것"으로 내다봤다.

저유가에 대해 베라베시 이코노미스트는 차이나 쇼크로 증폭될 글로벌 경제 하락세를 막는 버팀목이 될 것으로 봤다. 베라베시 이코노미스트는 "유가가 올해도 낮은 수준을 유지하겠지만 내년에는 미국 석유 생산량 감소로 점차 반등할 것"이라며 "저유가는 글로벌 경제에 축복"이라고 주장했다. 그러면서 베라베시 이코노미스트는 "현재 세계 경제 흐름이 미국이 세계 경제를 견인하고 달러화가 강세를 보였던 1980년대, 1990년대와 유사하다"며 "1985~1986년 원유 가격이 67% 급락한 뒤 세계 경제가 대호황을 맞았다"고 강조했다. 베라베시 이코노미스트는 "유가하락이 세계 경제 성장을 이끌 것이고 올해 더욱 가속도가 붙을 것"이라며 "유가 급락은 1조 5,000억 달러 상당의 부가 석유 생산자에게서 소비자로 이전되는 효과를 냈고 이로 인해 올해 세계 경제성장률이 0.3~0.5% 포인트 가량 추가 상승하는 긍정적 효과를 낼 것"으로 기대했다. 베라베시 수석이코노미스트는 미국 연방준비제도이사회를 거쳐 글로벌 신용평가사 S&P 수석이코노미스트로 활동했던 세계적인 거시경제 전문가다.

## 세계경제포럼, 국제기구 되다

다보스포럼을 주최하는 세계경제포럼<sub>WEF</sub>이 비영리 민간재단에서 국제기구로 변신했다. 정확하게는 국제 비정부기구<sub>International Non-Governmental Organization</sub>가 됐다. 스위스 정부는 지난해 초 WEF를 국제기구로 인정하는 협약을 맺었다. UN 등 국가나 정부 간 조약기구가 아니고 국제적십자위원회<sub>ICRC</sub>와 유사한 형태의 비정부 국제기구다. 이번 조치로 포럼 운영 독립성과 활동의 자유를 보다 넓게 보장받았고 세금 면제 등 국제기구로서의 법적 지위도 인정받았다.

국제기구가 된 WEF는 연방정부 법인세 면제 혜택을 받는다. 다만 사무국 직원에 대한 소득세 면제나 외교관 면책특권 등은 없다. 법인세 면제 외에도 사무국 직원들을 채용할 때 비자 발급 등이 수월해지고, 외국 공직자나 정치인 등을 초청할 때도 유리한 점이 많다. WEF 사무국에는 600여 명의 직원이 있고 이들의 국적은 60개국 이상이다. 아시아인 비중은 10% 미만이다. 중국인 20여명, 일본인 6명, 한국계 3명(재외동포 포함)이 근무 중이다. WEF는 국제기구가 되면서 외국 국적 직원을 채용할 때 비자 등을 손쉽게 받을 수 있게 됐다.

국제기구가 되면서 혜택이 많아졌지만 책임과 의무사항도 늘었다. 글로

다보스포럼이 열렸던 행사장 전경

벌 어젠다나 공적 이슈 개발에 역점을 둬야 하는 것이다. WEF가 올해 지구 온난화를 포함한 기후변화, 소득 불평등, 사회적 기업 육성, 국제 난민문제, 인권 개선 등과 관련된 세션을 집중 배치한 것은 이 때문이다. 올해 포럼에 북한을 초청한 뒤 4차 핵실험 도발 때문에 초청을 취소한 것도 국제기구 의무 이행차원으로 해석할 수 있다. UN 안보리 제재가 유력하게 거론되는 상황에서 국제기구에 걸맞은 조치를 취해야 했기 때문이다.

스위스 정부가 WEF를 국제기구로 인정한 것은 국제기구 유치를 촉진하기 위한 법령인 'Host State법'에 근거한다. 스위스 정부는 자국에 위치한 국제기구에 매년 수천 억 원의 지원금을 보조하고, 50년 무이자 차관이란 인센티브도 제공하고 있다. 이를 통해 국제기구를 유치, 경제적 측면에서 막대한 이익과 고용을 창출하고 있다. 국제기구 본산이란 국제사회에서의 위상도 무시할 수 없는 부수적인 효과다. 스위스에는 국제기구가 많다. 글로벌 국제기구 본부의 20% 이상이 몰려 있다. 유럽대륙 강국인 독일, 프랑스, 이탈리아와 접경을 이루고 있는데다 영세 중립국이기 때문이다. UN에도 2002년에야 가입할 정도로 정치·이념·종교적 중립을 중시해왔다. UN 유럽 본부를 비롯한 20여 개 국제기구와 200여 개의 각종 비정부기구가 스위스에 본부를 두고 있다. UN 산하 국제노동기구ILO를 비롯해 세계무역기구WTO, 국제올림픽위원회IOC를 비롯한 각종 스포츠연맹도 스위스에 터를 잡고 있다. 유네스코 산하 국제교육국, 세계기상기구WMO, 세계지적재산권기구WIPO, 세계보건기구WHO 등도 스위스에 본부를 두고 있다.

WEF는 지난 1971년 제네바대 교수였던 클라우스 슈밥 회장이 유럽 기업인을 초청해 만든 '유럽경영포럼European Management Forum'이 시발점이다. 이후 1987년 WEF로 명칭을 변경한 뒤 참석 대상자를 정부, 학계, 언론계 인사로 확대했다. 의제도 세계 경제, 정치, 사회, 문화 이슈로 넓혔다. 성장을 거듭한 WEF는 매년 50여 개국 국가 정상급 지도자와 2,500여 명의 글로벌 기업인, 학자, 언론인 등이 참가하는 세계 최대 포럼으로 성장했다.

── PART 06 ──

# 디지털 다위니즘

# CHAPTER 1

# 디지털 시대 속도전 리더십

 4차 산업혁명은 디지털 산업 생태계를 뿌리째 뒤흔들고 있다. 정보기술
IT 기반이던 디지털 산업이 이제 인공지능AI, 로봇, 사물인터넷IoT, 바이오 등
이 융복합되는 새로운 시대를 맞게 됐다. 디지털 산업 시대를 맞은 비즈니
스 리더들도 4차 산업혁명발 파괴적 혁신이라는 새로운 도전에 직면, 새로
운 생존 방식을 마련해야 하는 상황에 처했다.

 '디지털 산업의 변화Digital Transformation of Industries'세션에 참석한 마크 베니오프
세일즈포스 회장은 "디지털 시대 적자생존의 법칙에서 속도는 곧 생존을
의미한다"고 강조, 이른바 '디지털 다위니즘Digital Darwinism'을 꺼내들었다. 그
러면서 베니오프 회장은 "속도가 비즈니스 시대의 새로운 화폐"라며 "디지
털 시대 리더들이 '속도감'으로 재무장해야 한다"고 조언했다. 세일즈포스
는 고객 관계 관리 솔루션을 중심으로 한 클라우드 컴퓨팅 서비스를 제공하
는 기업으로 매년 세계 최고의 혁신기업으로 선정되는 디지털산업 대표주
자다.

'디지털 산업의 변화' 세션 참석자들이 디지털 시대 비즈니스 리더십에 대해 논의하고 있다. 왼쪽부터 리치 레서 보스턴컨설팅 CEO, 맥 휘트먼 휴렛패커드 CEO, 버나드 타이슨 카이저퍼머넌트 회장, 장 파스칼 트리쿠아 슈나이더일렉트릭 회장, 클라우스 클라인필드 알코아 회장, 마크 베니오프 세일즈포스 회장

　　휴렛패커드의 맥 휘트먼 최고경영자CEO는 "지난 75년간 휴렛패커드 역시 디지털 산업에 발맞춘 변화를 통해 생존할 수 있었다"며 "현재 기업 비즈니스 전략은 사실상 IT 전략이라고 할 수 있다"고 설명했다. 휘트먼 CEO는 "디지털 산업 시대에는 과거처럼 돈만 쏟아 붓는다고 기업 성장을 담보할 수 없다. 어떻게 하면 제한된 자금을 효율적으로 활용하느냐가 갈수록 중요해지고 있다"고 강조했다. 휘트먼 CEO는 "조직이 새로운 디지털 문화를 받아들이게끔 하는 것 자체가 커다란 도전"이라며 "적재적소에 최적의 인력을 투입하고 조직원 그리고 고객과 실제적이고 효과적인 소통을 하는 게 사

마크 베니오프 세일즈포스 회장이 디지털 산업 미래에 대해 밝히고 있다.

업성공 성패를 좌우한다"고 덧붙였다.

장 파스칼 트리쿠아 슈나이더일렉트릭 회장은 "10년내 모든 제품이 연결된 시대에 살게 될 것"이라며 "그로 인해 새로운 가치와 새로운 가능성이 생겨날 것"으로 기대했다. 버나드 타이슨 카이저퍼머넌트 회장은 "이제 비즈니스는 단순한 거래 관계가 아니라 신뢰 구축이 더 중요해진 시대가 됐다"고 말했다.

'기업들의 장기전략<sub>Long-term Imperative</sub>' 세션에선 분초의 속도로 진화하는 디지털 시대를 맞아 과거 수십 년 앞을 내다보는 초장기 전략 필요성을 주장하던 시대에서 이젠 기업들이 기술환경 변화 속도에 맞춰 5~10년 단위의 중장기 전략에 집중해야 한다는 주문이 많이 나왔다. 도미니크 바튼 맥킨

'기업들의 장기전략' 세션 참석자들이 디지털 시대 기업들의 생존전략에 대해 토론하고 있다. 왼쪽부터 빅터 할버슈타드 라이덴대학 교수, 래리 핑크 블랙록 회장, 궐러 사반치 사반치홀딩스 회장, 티잔 티엄 크레디트스위스 CEO, 도미니크 바튼 맥킨지 회장, 앤드류 리버리스 다우케미컬 회장, 마크 와이즈만 캐나다연금펀드 사장

지 그룹 회장은 "향후 급속도로 변화하는 기업환경 속에서 기업 경영자들은 새로운 환경에 적응하는데 상당한 시간을 필요로 할 것"이라며 "새로운 변화에 대비해 발 빠른 전략 수립에 나서지 않는다면 기업들이 큰 어려움을 겪게 될 것"이라고 경고했다. 그러면서 바튼 회장은 "단기 성과만을 추구하는 좁은 시각만으로 지속가능한 성장을 하기 힘들다"며 "경영진은 물론 주주, 근로자 등 이해관계자들의 공조를 통해 성장전략을 짜나가야 한다"고 주문했다.

앤드류 리버리스 다우케미칼 회장은 "지난 10여 년간 수많은 화학 업체들이 사라졌다"며 "제2, 제3의 기술혁신을 위해 투자하지 않았기 때문"이라고 진단했다. 리버리스 회장은 "제조업의 경우, 기술혁신과 시장 변화에

래리 핑크 블랙록 회장이
투자전략에 대해 밝히고 있다.

대응하려면 10년 주기의 중장기 계획을 수립해야 한다"고 조언했다. 그러
면서 리버리스 회장은 "기업 오너와 전문 경영진이 분리돼 있는 경우, 미
래에 대비하기 위해 양자 간 효율적인 관계를 맺는 것도 중요하다"고 역설
했다.

터키 대기업 사반치홀딩스의 궐러 사반치 회장은 "미래 기업 성장을 위
해서는 주주와 경영진 간 간격을 좁히는 것이 매우 중요하다"며 "그러기 위
해서는 매우 유연하고 기민한 지배구조를 갖춰야 한다"고 진단했다.

제조업보다 변화 속도가 빠른 금융에선 중장기 전략 주기가 한층 짧아진
다. 세계 최대 자산운용사 블랙록의 래리 핑크 회장은 "많은 금융회사 중 현

재 5년 이상을 내다보는 장기 전략을 수립하는 경우는 거의 없다"고 진단했다. 시시각각 변화하는 금융환경 특성상 5년 주기의 장기 계획수립이 무의미하기 때문이다. 대신 5년짜리 장기계획을 세우더라도 매 분기마다 시장 변화에 따라 전략을 수정할 필요가 있다고 핑크 회장은 강조했다.

# CHAPTER 2

# 7,500만 명 창업가 양성

마크 주커버그 페이스북 최고경영자, 잭마 알리바바 회장, 구글의 세르게이 브린과 래리 페이지 공동창업자. 전 세계 시장을 쥐락펴락하는 글로벌 디지털 리더들이다. 창업한지 20년도 안된 구글은 2016년초 애플을 밀어내고 세계 시가총액 1위 기업에 등극했다. 비슷한 시기에 설립된 알리바바는 중국을 넘어 전 세계 전자상거래 시장을 제패할 기세다. 페이스북은 창업 10년이 채 안됐지만 전 세계 소셜네트워크서비스SNS 시장을 굳건히 장악하고 있다. '깜짝 스타'에서 '디지털 공룡'으로 급성장한 이들 기업들도 시작은 작은 스타트업에 불과했다.

현재 전 세계 디지털 산업을 장악하고 있는 것은 미국과 중국 스타트업들이다. 2015년 미국 스타트업 정보업체 CB인사이츠에 따르면 전 세계 기업가치 10억 달러(1조 원) 스타트업을 의미하는 '유니콘 클럽'에 포함된 100여 개 스타트업 중 69개가 실리콘밸리에 위치한 미국 벤처기업들이다. 2016년 들어서는 중국의 진격이 매섭다. 미국 잡지 포춘이 발표한 2016년

존 할트혼 매스챌린지 CEO(왼쪽)와 에드워드 타이 500스타트업 CEO(오른쪽)가 '7,500만 명 창업가 양성'이란 세션에서 스타트업 육성 생태계에 대해 토론하고 있다.

유니콘 클럽 170여 개 회사 중 중국 스타트업은 스마트폰 업체 샤오미, 드론 업체 DJI 등 35개에 달했다.

글로벌 산업구조를 기조적으로 재편하고 있는 벤처 창업, 디지털 스타트업 열풍 속에서 그들만의 성공 방정식은 무엇일까. 이번 다보스포럼에선 이에 대한 답을 구하는 다소 도발적인 주제의 세션이 펼쳐졌다. '7,500만 명 창업가 양성Creating 75million Entrepreneurs'이란 세션이다. 각 나라를 대표하는 스타트업이나 벤처캐피탈 CEO들이 참여해 창업 비법과 벤처 생태계 중요성을 설파했다. 에드워드 타이 500스타트업 파트너, 존 할트혼 매스챌린지 CEO, 중동 사우디아라비아 스타트업 창업자 아이나스 알 애쉬가, 오만 스타트업 창업자 사비스 알 마마리 등이 패널로 참석했다. 다음은 세션 주요 내용이다.

## 7, 500만명의 창업가를 양성하는게 가능할까

🔲 에드워드 타이 7,500만 명은 75억 명 세계 인구의 1%에 불과하다. 기회가 주어진다면 충분히 가능한 일이다. 무엇보다 중요한 것은 올바른 도구가 필요하다는 것이다. 적절한 교육이 필요하고 기본적인 자금이 뒷받침돼야 하며 유연한 규제라는 외부 환경도 필요하다. 스타트업 생태계가 작동하려면 많은 요소들이 톱니바퀴처럼 맞물려 돌아가야 한다.

🔲 존 할트혼 창업을 활성화시키는 생태계가 있다. 정부, 법적 인프라, 언론, 기업들이 모두 제 역할을 해야 하고 멘토 시스템도 구축돼 있어야 한다. 스타트업은 모든 사람을 이롭게 한다. 스타트업 성공에 따라 많은 일자리가 만들어지기 때문이다.

## 창업가에 적합한 성격이 있는건가

🔲 타이 어떤 사람들은 그런 능력을 타고나기도 하지만 후천적으로 숙련이 가능하다. 위험을 피하지 않고 감수하려는 의지가 무엇보다 중요하다. 실패를 두려워하지 않는 능력을 부모로부터 물려받았다면 그 또한 중요한 자질이다. 다시 말해 실패로부터 배운다는 마음가짐이 필요하다는 것이다. 아시아 문화권에선 종종 실패에 대한 공포와 완벽주의가 창업환경을 훼손하기도 한다.

🔲 할트혼 빠른 의사결정이 필요하고 비판에도 열린 마음을 가져야 한다. 모든 것은 마음가짐에서 출발한다. 안주하려는 마음은 창업가 정신과 반대말이라고 보면 된

다. 전통적인 시스템으로부터 독립적일 필요가 있다. 때때로 반항하는 기질이 필요하다.

## 스타트업 성공을 가로막는 장애물은 무엇인가

💬 **할트혼** 미국의 경우 수많은 규제들이 가장 큰 걸림돌이다. 미국에서 기업을 하나 만들려면 너무 많은 시간과 너무 많은 비용이 든다. 규제가 창업의 발목을 잡아선 안 된다.

💬 **알 마마리** 실제 시장이 요구하는 수준과 제공되는 교육수준 격차가 너무 크다. 교사, 커리큘럼 등 많은 요소들이 업그레이드 돼야 한다. 창업교육을 위한 시스템이 구축돼야 한다.

💬 **알 애쉬** 펀딩, 교육, 지원을 담당하는 기관이 중요하다. 사우디아라비아에선 스타트업보다는 대기업 근무를 선호하는 이들이 많다. 일부 젊은이들은 꿈을 가지고 창업에 나서지만 충분한 교육이나 지원을 받지 못해 실패하는 경우가 많다. 저유가가 사우디 정부는 물론 국민들에게 커다란 압박을 주고 있다. 이제 사우디에도 많은 창업가들이 필요하다.

## 창업교육 핵심은 무엇인가

💬 **할트혼** 핵심은 창업 전문가들이 학생들을 직접 가르쳐야 한다는 것이다. 창업과 관련된 지원과 교육도 중요하지만 더 중요한 것은 창업가 스스로 리스크를 감수하려는 의지를 강하게 키워 나가는 것이다.

💬 **타이** 책상머리에 앉아있는 것만으로는 좋은 결과를 얻을 수 없다는 것을 알고

리스크를 피하지 않고 감수하려는 마음가짐을 길러주는 것이 필요하다.

## 미래 창업가에게 가장 큰 어려움은 무엇인가

🗨 타이 신흥시장에선 규제가 가장 큰 장애물이다. 이들 시장에선 새로운 스타트업들이 기존 시스템을 허무는 게 용납되지 않는다.

🗨 할트혼 실패에 대한 관용이 중요하다. 실패에 대한 질책보다는 성공에 대한 축하 문화가 자리 잡아야 한다.


2015년 CB인사이츠 조사에서 전 세계 100여 개 유니콘 중 한국 업체는 쿠팡과 옐로모바일 단 두 곳에 불과했다. 창조경제를 외치면서도 국내 창업 생태계는 아직 자리를 잡지 못하고 걸음마 단계에 머물러 있는 셈이다. 창업을 가로막는 각종 규제 탓도 있지만 창업 원동력인 기업가 정신 자체가 부족한데도 원인이 있다. 전 세계 국가별 기업가정신지수를 발표하는 글로벌 기업가정신모니터$_{GEM}$에 따르면 한국의 초기창업비율$_{TEA}$ 순위는 16위로 미국, 중국, 이스라엘 등에 비해 크게 낮은 수준이다. 디지털 시대 경쟁력을 확보하기 위해선 한국도 21세기 기업가 정신으로 재무장할 필요가 있다는 진단이다.

CHAPTER 3

# 플랫폼 비즈니스 전성시대

아마존, 알리바바 등 전자상거래업체, 우버와 에어비앤비 등 공유경제 선두주자들은 물론 최근 금융산업을 뒤흔들고 있는 핀테크까지. 이들 산업의 공통점은 전통적 개념의 비즈니스 패러다임을 뛰어넘는 플랫폼 비즈니스 모델을 내세웠다는 것이다. 단순히 제품을 만들어내는 제조업이나 서비스를 제공하는 서비스업 비즈니스 모델과는 차별화된 이른바 '플랫폼 산업'의 시대를 열었다. 플랫폼 비즈니스 모델은 서비스 공급자와 수요자를 연결해주는 '장'을 마련해주고 양측에서 수수료를 받는 식으로 수익을 창출한다. B2B(기업 간 거래), B2C(기업과 소비자 간 거래), O2O(온라인과 오프라인 거래) 등의 거래방식에서 이들은 '2(to)'의 역할을 담당하며 이를 비즈니스 모델로 발전시켰다. 알리바바는 2014년 9월 뉴욕증시 상장 때 기업공개IPO 규모가 218억 달러에 달해 미국 최대 규모 IPO라는 역사를 썼다. 2008년 비자카드(196억 달러), 2012년 페이스북(160억 달러)의 기록을 뛰어넘은 것이다. 에어비앤비는 창업 8년 만에 기업가치가 255억 달러까지 치솟아 전

'디지털 경제를 위한 새로운 플랫폼' 세션 참석자들이 플랫폼 산업 미래를 전망하고 있다. 왼쪽부터 조나단 지트레인 하버드대 교수, 척 로빈스 시스코 CEO, 피에르 낭텀 액센추어 CEO, 수잔 보이치키 유튜브 CEO, 네이션 블레차르지크 에어비앤비 공동창업자, 아룬 순다라라잔 뉴욕대 교수

세계 최대 호텔 체인 힐튼을 앞질렀다. 에어비앤비는 2015년말 기준 전 세계 190개국 3만 4,000개 도시에 200만 개의 숙소를 확보, 매일 100만 명이 찾는 최대 숙박공유 업체로 성장했다.

　'디지털 경제를 위한 새로운 플랫폼A New Platform For The Digital Economy'세션은 '플랫폼 비즈니스'의 지속가능성에 대한 답을 찾는 자리였다. '공유경제 대가'로 불리는 아룬 순다라라잔 뉴욕대 교수는 "에어비앤비와 유투브는 군중에 기반을 둔 자본주의"라며 "물건을 만들어 사람들에게 파는 전통적인 시스템과는 완전히 차별화된 모델"이라고 강조했다. 미국 이베이, 중국 알리바바, 차량공유업체 우버, 숙박공유업체 에어비앤비 등의 플랫폼은 조금씩 다르지만 모두 같은 아이디어에서 출발한 비즈니스 모델이라는 설명이다. 세션에 참석한 네이선 블레차르지크 에어비앤비 공동창업자 겸 최고기술책임자$_{CTO}$도 "에어비앤비는 서비스 제공자가 아닌 중개자"라고 설명했다. 수잔 보이치키 유튜브 CEO는 "유튜브는 동영상을 만드는 사람, 보는 사람, 광고하는 사람들이 만든 커뮤니티"라고 표현했다. 블레차르지크 CTO는 "8년 전만해도 그 누구도 우리의 아이디어를 받아들이지 않았다"며 "사람들은 '왜 낯선 사람들에게 당신의 집을 내주는가'라며 반대했다"고 회상했다. 그러면서 블레차르지크 CTO는 "이런 의구심을 극복하고 지난 한 해에만 전 세계에서 4,000만 명이 에어비앤비를 이용해 남의 집에 묵었다"고 강조했다.

보이치키 CEO는 "처음에 구글이 유투브를 인수한다고 했을 때 너무도 위험한 도박이라고 생각했지만 지금 와서 보면 탁월한 결정이었다"고 말했다. 보이치키 CEO는 "많은 사람들이 동영상을 공유하려는 열망을 가지고 있다는 것을 깨달았고 동영상은 많은 사람들이 연결될 수 있는 역동적인 공간이라는 것을 알게 됐다"고 설명했다.

피에르 낭텀 액센추어 CEO는 "플랫폼 비즈니스는 미래 산업 핵심 키워드가 될 것이고 이에 따라 산업 간 경계는 갈수록 희미해질 것"이라고 예상했다. 기업 내 플랫폼, 산업 내 플랫폼, 산업 간 플랫폼 비즈니스들이 끊임없이 생겨날 것이란 전망이다. 순다라라잔 교수도 "지금은 구글과 페이스북을 경쟁관계로 생각하는 사람이 없겠지만 점점 그 경계선이 희미해지는 것이 사실"이라고 전했다. 척 로빈스 시스코 CEO는 "미래에는 현재 우리가 예상하는 것 이상으로 산업을 넘나드는 전략적 제휴관계가 활성화될 것"이라며 "가령 우버와 에어비앤비도 함께 새로운 사업을 벌일 수 있고 이 같은 융합서비스가 소비자들에겐 더 좋은 제품과 서비스를 제공하는 기회가 될 것"이라고 자신했다.

물론 공유경제와 플랫폼 비즈니스에 대한 부정적인 시각도 있다. 먼저 플랫폼 업체의 독점 문제다. 공유경제와 플랫폼 비즈니스에 대해 제품 및 서비스 공급자와 수요자 사이에서 푼돈을 받아 챙겨 중개업체 배만 불리는 '부스러기 경제Scraps Economy'라고 비판하는 목소리가 적지 않다. 정작 가치를 창출해내는 사람보다 중간에서 '판'을 만들어준 사람 배만 불린다는 비판이다. 이와 관련해 에어비앤비와 유튜브는 플랫폼 비즈니스 모델 역시 가치창출을 하는 역할을 한다고 반박한다.

우버가 각국 택시 운송업체들과 갈등을 빚고 에어비앤비가 전통적인 숙박업체들과 신경전을 벌이며 각국에서 법적 논쟁을 키우고 있는 점도 부담이다. 일부 국가에서 우버는 불법영업을 하고 있다. 이에 우버는 각국 현행법이 아직 플랫폼 비즈니스를 제대로 이해하지 못해 법적으로 정리되지 않은 전환기에 있기 때문이라고 이야기한다.

블레차르지크 CTO는 "투명성은 플랫폼 사업의 핵심"이라며 "등록된 숙박업소 정보를 투명하게 공유하고 여행자들에게 보험을 들어주는 등 중개자로서의 책무를 다하고 있다"고 말했다. 보이치키 CEO는 "사이트에 욕설이 담기거나 폭력적인 비디오 그리고 성인물 등이 올라올 경우에는 즉각 조치에 나선다"며 "무엇보다 이같은 정보에 대해 이용자들이 스스로 신고를 하는 자정노력에 동참해주기 때문에 대개 24시간 내 조치를 완료할 수 있다"고 설명했다.

# "러시아 최우선 과제는 극동개발"

유리 트루트네프
러시아 부총리

"러시아 극동지역 개발은 블라디미르 푸틴 대통령의 최우선 과제다."

다보스포럼 현장에서 만난 유리 트루트네프 러시아 부총리 겸 극동지역 전권대표는 "푸틴 대통령의 강력한 후원으로 극동개발이 본격적인 성장궤도에 접어들었다"며 자신감을 보였다. 러시아 극동 7개주를 관장하는 트루트네프 부총리는 "지난 2년간 러시아 극동지역에 선도개발구역 선정을 공격적으로 진행해왔고 이미 9개 선도개발구역을 세웠다"고 밝혔다. 그러면서 트루트네프 부총리는 "선도개발구역 설립 과정에서 이웃 국가들인 한국, 일본, 말레이시아, 싱가포르의 경험에서 많은 것을 배웠다"며 "행정절차, 세제와 관련해 최적의 모범사례를 선정, 블라디보스토크 자유항과 선도개발구역 설립을 법제화했다"고 설명했다. 다음은 인터뷰 주요 내용이다.

**Q. 경제특구 개념인 선도개발구역은 잘 돌아가고 있나**

**A.** 선도개발구역에 벌써 80여 개 기업이 입주했다. 세금을 줄여줬고 입주절차도 간소화하는 한편 당국의 과도한 감독과 규제를 예방하는 보호조치를 대대적으로 확대하는 등 기업활동을 하는데 최적의 조건을 제공한 덕분이다. 더 많은 투자기회가 창출될 수 있도록 사업환경을 개선하면서 대규모 투자자금이 들어왔다. 선도개발구역에 기업들이 쏟아 부은 투자액만 5000억 루블(7조 2,900억 원)이나 된다.

**Q. 최근 진행하는 가장 중요한 프로젝트는 무엇인가**

**A.** 극동지역으로 이주하는 시민들에게 일정 규모의 땅을 무상불하하는 프로젝트를 진행하고 있다.

**Q. 서부쪽 러시아인들이 극동지역으로 이주하기를 바라는 건가**

**A.** 러시아의 모든 시민들이 지도상에 있는 어떤 곳이든 극동지역 내에서 자유롭게 이동해 그 장소를 소유하기를 바란다. 이런 시도는 차별화된 기회를 제공하게 될 것이다. 이곳에서는 어떤 활동이든 할 수 있다. 법으로 규제되는 것은 없다.

**Q. 얼마나 많은 사람들이 극동으로 이주하기를 원하는가**

**A.** 어떤 러시아 시민들이든 개방적인 환경 하에 사업을 하고 돈을 벌 수 있어야 한다. 중부 러시아에서 얼마나 많은 사람들이 이주할지 알 수

없다. 이주와 관련해 설문조사를 한 적이 있는데 놀라운 수치가 나왔다. 러시아 국민 20%가 극동지역으로 이주하고 싶다는 의사를 표명했다.

Q. 극동지역과 한국 간 협력관계 확대·강화가 필요할 것 같다

A. 현대차 등 많은 한국 기업들에서 볼 수 있듯 한국은 매우 역동적인 나라다. 한국과의 협력, 교류, 소통이 더욱 강화되기를 바란다. 러시아와 한국 그리고 북한 간의 삼각협력도 필요하다. 삼자가 힘을 합치면 세계는 더 좋은 방향으로 변모할 것이다. 남북한이 통합되는 '원코리아 One Korea'가 실현될 것으로 믿는다.

## 북한 전격적인 초청 취소 막전막후

북한이 다보스포럼에 초청을 받으면서 올해 다보스포럼은 개막전부터 큰 관심을 받았다. 당초 북한은 리수용 외무상 등 고위급을 18년 만에 다보스포럼에 보내 외자유치를 위한 국제 홍보활동을 실시할 예정이었다. 그러나 전격적인 4차 핵실험 도발로 다보스포럼 측으로부터 퇴짜를 맞으면서 결국 참가가 무산됐다.

북한 측 참가계획은 2015년 말 포럼 사무국이 윤영석 대외경제성 부총국장과 한웅 농업개발은행 사장을 포럼 참가자 명단에 올리면서 알려졌다. 포럼 측은 이후 취재진의 문의가 있자 곧바로 이들을 참가자 명단에서 삭제했다. 하지만 얼마 지나지 않아 북한 측 대표가 대외부문에서 김정은 제1비서 최측근으로 평가받는 리수용 북한 외무상이란 점이 확인됐다. 한국은 물론 국제사회 이목이 모아졌다. 2011년 12월 김정일 사망 이후 출범한 김정은 체제가 내부 단속을 마무리지으면서 본격적으로 국제사회 무대에 복귀하는 것 아니냐는 관측이 나왔다. 특히 김정은은 중·고교시절 스위스에서 2년간 체류한 경험이 있어 누구보다 서방사회를 잘 이해하고 있다. 스위스에서 개최되는 다보스포럼을 지렛대로 삼아 국제사회에 자신의 존재를 알리려고 했을 가능성이 있다.

북한은 리수용 외무상 등 3명의 대표를 파견, 다보스포럼 특별 세션을 주재하고 이 자리에서 농업과 산림 분야 개혁·개방조치를 소개할 계획이었다. 외자유치 외에도 국가 이미지 개선을 노리는 한편 북한 권력층의 스위스 비자금 관리 목적도 있었던 것으로 알려지고 있다. 북한은 한때 스위스에 수십 억 달러의 비자금을 운용하고 있었던 것으로 추정된다.

김정은은 스위스와 각별한 인연을 맺고 있다. 만 32세인 김정은은 김일성종합대학 입학 전인 지난 1998년부터 2년간 스위스 베른에 소재한 리베펠트-슈타인횔츨리 공립학교에 다녔다. 여동생으로 핵심 측근인 김여정 북한 노동당 선전선동부 부부장도 당시 김정은과 함께 스위스에서 생활했다. 이들 남매가 어린 시절 해외에서 체류한 경험이 이후 스위스와의 긴밀한 관계를 유지하는데 적지 않은 기여를 했을 것으로 보인다.

김정은은 스위스 유학시절 자본주의와 서구 민주주의, 서구 대중문화를 접했다. 스키 천국인 스위스에서 자주 스키를 타러 다니고 미국 프로농구 NBA와 할리우드 영화도 경험했다. 북한이 김정은 집권 첫해인 2012년 원산 부근에 마식령 스키장을 건설한 것도 이런 경험에 따른 것이다. 김정은은 부인 리설주와 함께 스위스 명품시계를 차고 다니고, 스위스 치즈 등 '메이드 인 스위스' 제품을 유독 좋아한다. 북한판 걸그룹 '모란봉 악단'을 만들어 대표적인 할리우드 영화 '록키' 음악을 공연하게 하기도 했다.

북한 측 대표로 포럼에 참가할 예정이었던 리수용 외무상 경력도 눈여겨볼 대목이다. 정통 외교관 출신인 리 외무상은 1980년 스위스 제네바대표부 공사를 시작으로 1987년 스위스 대표부 대사에 이어 1998년부터 2010

년까지 스위스 대사를 지냈다. 스위스 체류기간이 20년을 훌쩍 넘는다. 이 기간 동안 북한 최고인민회의 대의원도 겸임했다.

특히 김정은, 김여정 남매의 스위스 유학 시절 이들을 뒷바라지하며 사실상 후견인 역할을 담당했다. 김정일 사후에 리 외무상은 장성택 측근그룹으로 분류돼 온 인사였다. 하지만 김정은이 고모부 장성택을 전격 처형한 후에도 요직에 기용되며 김정은의 경제·외교담당 최측근으로 부상했다. 리수용은 2011년 북한 외자유치 업무를 총괄했던 합영투자위원장에 이어 2014년 4월 우리나라 외무장관에 해당하는 외무상에 임명됐다. 윤영석 대외경제성 부총국장은 북한이 경제개방을 위해 지정한 19개 지방급 경제특구 외자유치 실무를 담당한 인물이다.

다보스포럼 측은 그동안 북한을 포럼에 참석시키기 위해 다각적인 노력을 벌여왔다. 2014년 9월에는 포럼 고위인사인 필립 뢰슬러 총괄이사가 직접 평양에 들어가 포럼 참석을 요청하기도 했다. 한반도와 관련해 다보스포럼 창립자인 클라우스 슈밥 회장의 최종 계획은 다보스포럼에서 남북정상회담을 개최하는 것으로 알려졌다. 박근혜 대통령과 김정은을 다보스에서 만나도록 한 뒤 이를 남북 관계 개선을 위한 획기적인 계기로 만든다는 구상이다.

다보스포럼이 국제사회에서 유명해진 것도 슈밥 회장이 포럼을 국제분쟁 해결의 장으로 활용했기 때문이다. 슈밥 회장은 지난 1986년 전쟁 직전까지 치달았던 그리스와 터키 정상회담을 중재했고 지난 1994년에는 이스라엘과 팔레스타인간 평화협상 계기를 다보스에서 마련했다. 일각에서는 슈밥 회장이 다보스에서 남북정상회담을 개최, 한반도 평화무드를 조성하는데 일익을 담당할 경우, 노벨평화상을 노려볼 수도 있다는 분석을 내놓고 있다.

하지만 북한의 다보스포럼 참가는 지난 2016년 1월 6일 전격적으로 실시된 제 4차 핵실험으로 물거품이 됐다. 다보스포럼을 주최하는 세계경제포럼WEF 조직위원회는 1월 12일 기자회견에서 북한 초청 취소 사실을 발표했다. 이와 관련해 포럼 사무국 관계자는 "아쉽지만 어쩔 수 없는 조치"라고 말했다. 이 관계자는 "세계경제포럼이 지난해 국제기구가 된 이후 국제사회 규범을 더욱 잘 지켜야 한다"며 "유엔 안보리 제재가 예상되는 상황에서 북한 측에 홍보의 장을 마련해줄 수는 없지 않느냐"고 설명했다.

북한 측은 취소 조치에 대해 포럼 측에 항의하면서 강한 유감의 뜻을 밝혔다. 조선중앙통신은 "포럼 측의 거듭되는 요청에 따라 경제발전 상황을 소개하고 각국과 호혜적인 경제협력을 추동하려고 했으나 경제문제를 논의하는 국제기구로서의 성격과 체모에 어긋나게 부당한 정치적 이유로 참가를 일방적으로 취소했다"고 비판했다. 이어 "포럼 측의 불의적이며 무책임한 처사로 취소된 것과 관련해 심각한 우려를 표시하며 포럼 측은 응당한 책임을 져야 할 것"이라고 주장했다. 북한 측이 다보스포럼 측의 취소 조치에 강하게 반발했지만 북한과 다보스포럼 측과의 관계는 언제든지 개선될 가능성이 있다. 세계경제포럼에 각국 정상들과 글로벌 기업가들이 대거 몰리는 만큼 북한이 이를 활용할 여지는 충분하다는 것이다.

PART 07

# 리더십과
# 지정학적 갈등

# CHAPTER 1

# 쥐스탱 트뤼도
# 캐나다 총리의 긍정리더십

40대 기수론을 앞세워 10년 만에 보수당 승리를 이끌어낸 젊은 지도자 쥐스탱 트뤼도 캐나다 총리는 다보스포럼 참석을 통해 국제사회에 화려하게 데뷔했다. 트뤼도 총리는 1년 전 다보스포럼에서 같은 40대 지도자인 마테오 렌치 총리가 이탈리아 개혁을 역설했던 것처럼 시종일관 젊은 에너지를 뿜어내며 열정적인 연설을 펼쳐 주목받았다.

트뤼도 총리는 특별연설을 통해 "진정한 리더는 급격하게 변화하는 세상에서 모든 사람들이 기회를 찾을 수 있는 방향을 알려줘야 한다"고 강조했다. 트뤼도 총리는 "긍정의 리더십은 선순환을 일으킨다"며 "더 많은 사람들에게 기회를 준다면 중산층이 성장할 것이고 더 많은 사람들에게 중산층이 될 수 있는 기회가 주어질 것"이라고 말했다. 자원부국 캐나다에서 이제는 '인재강국' 캐나다를 만들겠다는 그의 비전도 많은 주목을 받았다. 트뤼도 총리의 연설 내용을 문답식으로 정리했다.

쥐스탱 트뤼도 캐나다 총리가 다보스포럼에서 지도자의 리더십에 대해 연설하고 있다.

## 4차산업혁명에 대해 어떻게 평가하나

💬 트뤼도 총리(이하 트뤼도) 증기기관은 세상을 엄청나게 변화시켰다. 이후 전기와 컴퓨터 혁명 역시 세상을 뒤바꿨다. 4차 산업혁명으로 인류는 또다시 그만큼의 엄청난 변화를 맞이하게 됐다. 기술 발전은 인류의 일상을 업그레이드 시킨다. 20세기 초 인류가 인프라에 투자하지 않았다면 전기나 수도를 부유층만 사용했을 것이다. 인프라에 투자했기 때문에 중산층이 늘어났고 경제가 튼튼해졌다. 새로운 기술은 인류의 발전을 위해 사용돼야 한다. 지속적인 성장은 그 성장을 통해 모든 사람들이 혜택을 받을 수 있을 때 비로소 가능해진다. 컴퓨터, 로봇, 바이오 등이 통합되는 4차 산업혁명으로 엄청난 발전이 이뤄지겠지만 반대로 불평등 문제가 심화되고 실

업률이 높아지는 부작용도 예상된다. 교육과 인프라에 어떻게 투자하느냐에 따라 얼마나 많은 사람들이 이런 혜택을 받는지가 결정될 것이다.

## 4차산업혁명 시대에 필요한 리더십은 무엇인가

💬 트뤼도 기술만으론 우리 미래를 예측할 수 없다. 리더십이 우리 미래를 결정할 것이다. 진정한 리더는 급격하게 변화하는 세상에서 모든 사람들이 기회를 찾을 수 있는 방향을 알려줘야 한다. 긍정의 리더십은 선순환을 일으킬 것이다. 더 많은 사람들에게 기회를 준다면 중산층이 성장할 것이고 더 많은 사람들에게 중산층이 될 수 있는 기회가 주어질 것이다. 4차 산업혁명은 이 자리에 참석하지 못한 수억 명의 다른 사람들에게도 기회를 줄 수 있어야 비로소 성공이라고 할 수 있다. 미래와 새로운 기회에 투자하는 정부가 필요하다. 그 나라의 미래와 시민들을 위해 투자해야 한다.

## 캐나다의 발전을 위한 당신의 비전은 무엇인가

💬 트뤼도 시민들에게 고품질의 교육을 제공해 창의적인 아이디어를 창출 할 수 있는 능력을 키워줘야 한다. 변화를 지원할 수 있는 인프라가 절실히 필요하다. 또 혁신과 연구개발을 북돋을 수 있는 정책들이 필요하다. 다양성이 존중받는 사회를 구축해야 한다. 실리콘밸리가 창의적인 이유는 다양성이 존재하기 때문이다. 전 세계에서 모여든 엔지니어와 기업인들의 다양한 시각들이 모여 혁신이 만들어지는 것이다. 새롭고 창의적인 아이디어가 곧 4차 산업혁명으로 가는 지름길이다. 얼마 전 시리아 난민들을 수용한 캐나다에 많은 사람들이 감사의 말을 전해왔다. 우리가 처음 난민을 수용하기로 했을 때 나는 그들이 캐나다 경제를 이끌어갈 일꾼이라고 믿

었다. 다양성은 새로운 개발을 이끌어내는 엔진이다. 그들의 창의성이 우리 세계를 풍요롭게 한다. 난민을 수용한 것은 이때문이다. 창의성이 캐나다는 물론 이 세상을 풍요롭게 만들어 줄 것이다.

## 캐나다를 이끌 비전은 무엇인가

🔲 트뤼도 전임자들은 캐나다의 자원을 알리는데 주력했다. 물론 캐나다는 풍부한 자원을 보유하고 있지만 이것보다 더 큰 게 필요하다. 캐나다 자원은 우리에게 엄청 난 혜택이지만 이제 우리는 미래를 위한 투자에 포커스를 맞춰야 한다. 지식경제, 혁 신적인 기술, 그리고 친환경 기술들이 공존할 수 있도록 해야 한다. 저유가가 캐나다 에 어려움을 줄 수 있지만 캐나다의 기술발전 수준이 높고 훌륭한 제조업체와 다양 한 경력을 갖춘 인재들을 보유하고 있다. 훌륭한 교육 시스템과 인프라도 갖추고 있 다. 민간부문 혁신과 개발 그리고 청년들의 기업가 정신을 일깨우는 게 중요하다. 캐 나다에는 금융, 정치, 사회 등 투자할 곳이 넘쳐난다. 이런 모든 부문에서 투자를 일 으켜야 한다. 불평등 문제는 물론 기후변화 문제 역시 심각해 경제발전을 포기해야 만 문제를 해결할 수 있다고 주장하는 사람들이 있다. 이에 동의하지 않는다. 다양한 문제를 극복하기 위해 우리는 중산층을 더 키워야 한다. 열심히 일하는 사람들은 보 상을 받아야 한다. 우리는 경제 성장을 포기하지 않고도 기후변화에 맞서 싸울 수 있 다. 탄소감축을 위한 전 세계적인 움직임은 새로운 기업들과 새로운 직업들을 만들 어낼 것이다. 새로운 성장동력이 될 수 있다. 다양성이 새로운 아이디어들을 만들어 낼 것이고 우리는 공통된 가치를 찾아 안정적인 커뮤니티를 구축해 나갈 것이다.

## 선거에서 승리한 비결은 무엇인가

🗨 트뤼도 지난 8년간 정치인으로 살아가면서 국민들의 말에 귀를 기울였다. 어렸을 때부터 캐나다 전역을 여행하면서 다양한 사람들의 스토리를 들을 기회가 있었다. 긍정적인 정치가 옳다는 것을 깨달았다. 시민들에게 겁을 주고 상대방을 헐뜯는 정치보단 긍정적이고 희망을 주는 정부를 약속하는 방향이 더 좋을 것이라고 생각했다. 우리가 두려워하는 것들을 들추기보단 캐나다의 비전을 조명하려 했다. 사람들에게 두려움을 주는 방법으로는 나라를 이끌 수 없다. 사람들에게 변해가는 세상에서 살아남을 수 있는 무기를 주고 사용법을 알려주는 것이 중요하다고 생각한다.

## 오바마 미국 대통령에 대해 평가한다면

🗨 트뤼도 오바마 대통령은 뛰어난 리더십을 보여줬고 스마트한 세계관을 가진 리더라고 생각한다. 각 나라마다 주어진 문제들과 해결해야 할 과제들이 다르다고 생각한다. 오바마 대통령이 시민들의 비전을 하나로 묶는 능력을 갖추었다고 본다.

## 부친이 전직 총리였는데 보고 배운 것은 무엇인가. 또 어떤 캐나다를 만들고 싶나

🗨 트뤼도 많은 캐나다 사람들을 만나 그들의 가치를 이해할 수 있을 때 비로소 그들을 도울 수 있다는 것을 배웠다. 캐나다를 전 세계에 긍정적인 영향을 미치는 글로벌 플레이어로 만들고 싶다.

# CHAPTER 2

# 데이비드 캐머런
# 영국 총리와 브렉시트

유럽이 흔들리고 있다. 저성장 골이 깊은데다 난민 정책을 둘러싼 유럽각국 신경전도 치열하다. 그렉시트<sub>Grexit, 그리스의 유로존 탈퇴</sub>에 이어 브렉시트<sub>Brexit, 영국의 EU 탈퇴</sub>까지 불거지면서 바람 잘 날이 없다. 알렉시스 치프라스 그리스 총리에 이어 유럽 지형을 뒤흔들고 있는 인물은 바로 데이비드 캐머런 영국 총리다. 캐머런 총리는 브렉시트를 무기로 영국에 유리한 'EU 개혁'을 밀어붙였다. 캐머런 총리는 다보스포럼 현장에서 EU의 한계를 지적하며 브렉시트보다 더 큰 문제는 관료화된 EU라고 직격탄을 날렸다. 캐머런 총리는 "EU가 정치적 연합체에 불과하다"며 "지나친 관료주의, 과도한 규제, 단일 통화 한계 등으로 EU가 멍들고 있다"고 주장했다. 유로화를 사용하는 유로존에 대해서도 캐머런 총리는 거리를 뒀다. 영국은 EU에 속해 있지만 유로화를 사용하지 않고 있다. 캐머런 총리는 "유로존은 영국의 가장 큰 무역 상대국이기 때문에 유로존의 성공을 방해할 생각은 없다"면서도 "유로존에 속하든 속하지 않든 모든 나라가 차별받지 않는 공정한 룰과 원칙이 만들어

데이비드 캐머런 영국 총리가 다보스포럼에서 EU 개혁을 역설하고 있다.

져야 한다"고 강조했다. 캐머런 총리는 "영국을 포함한 유럽 모두가 번영하기 위해선 EU 개혁이 반드시 필요하다"고 역설했다. 다음은 캐머런 총리가다보스포럼 현장에서 한 연설 내용이다.

💬 데이비드 캐머런 EU 개혁을 통해 영국의 미래를 안전하게 지키고 싶다. EU 개혁은 영국과 유럽을 위한 최고의 결과를 가져올 것으로 믿는다. 몇몇 사람들은 나에게 왜 브렉시트 국민투표를 고수하느냐고 묻는다. 그동안 영국은 EU로부터 멀어졌다. 영국 내에서 EU시스템에 대한 지지도는 점점 떨어졌다. 영국인들은 EU 체제에대해 의구심을 가지고 있는데 이를 해소해야 한다. EU 관료주의와 과도한 규제, 그리고 단일통화에 대한 과도한 집착 등에 대해 영국은 불편함을 느끼고 있다. 이런 질

문에 대해 지적을 하고 답을 구하는 게 EU와 영국 모두를 위해 좋은 일이라고 생각하기 때문에 브렉시트 국민투표를 실시하려는 것이다.

무엇이 바뀌어야 할까. 첫째, EU내 관료 수를 줄여야 하고 교섭 속도를 높여야 한다. 인구 5억 명의 유럽 단일시장은 엄청난 가능성을 가지고 있다. 하지만 솔직히 아직 기술적으로나 생산성 측면에서 미국에 뒤처지고 있다. 과도한 규제와 관료주의를 없애 영국과 유럽 모두에 일자리와 번영을 가져와야 한다. 세계에서 가장 빠르게 성장하는 지역과 교역 규모를 늘려야 한다. 예를 들어 한국과의 무역거래는 한국은 물론 EU 국가들에게 성공적인 결과를 가져다줬다. 나는 EU 경쟁력을 높여 영국과 유럽이 모두 혜택을 받기를 바란다.

두 번째, EU가 유로존에 속한 나라들뿐만 아니라 영국과 같이 유로존에 합류하고 싶어하지 않은 나라들에게도 도움이 돼야 한다는 것이다. 나는 EU가 하나 이상의 통화를 가질 것으로 생각했다. 우리는 이점에 대해 솔직해야 한다. 나는 유로존(유로를 단일 통화로 사용하는 19개국)이 성공하길 바란다. 유로존은 우리의 가장 큰 무역 상대국이다. 유로존의 성공을 방해할 생각도 없고 유로존 회원국들이 필요한 조치를 취하길 바란다. 하지만 유로존에 속하든 속하지 않든 차별을 받지 않고 EU 회원국들이 번영할 수 있도록 해야 한다. 그러기 위해선 유연한 조직과 공정한 룰이 필요하다. 한 가지 예를 더 들어보겠다. 2015년 여름 그리스 사태를 해결하기 위해 유로존 회원국들은 기금을 조성, 그리스를 지원하려 했다. 영국도 물론 지원에 나섰다. 하지만 유로존 위기를 해결하고자 유로존 회원국이 아닌 나라의 돈을 사용하는 것은 사실 용납할 수 없는 일이다. 우리에게 필요한 것은 유로존에 속했다고 유리하거나 속하지 않는다고 해서 차별받지 않는 명확한 규칙과 원칙이다. 이것은 충분히 가능한 일이고 영국은 물론 EU 회원국 모두에게 좋은 일이다.

셋째, 주권Sovereignty을 지키는 것이다. 영국은 독립된 민주주의 제도를 가진 자랑스럽고 독립적인 나라인 동시에 유럽 대륙에 속해 있기도 하다. 영국에 대해 소극적인 유럽인이라고 평가하는 사람들이 있는데 나는 그렇게 생각하지 않는다. 영국만큼 헌신적인 나라는 없을 것이다. 영국은 우크라이나 사태와 관련, 러시아에 맞서 강력한 액션을 취했고 이란에 중대한 제재를 가함으로써 이란과의 비핵화 평화협정 체결과정에서 결정적인 역할을 했다. 만약 EU가 강력한 정치적 연합체라면 이는 영국에 맞는 조직이 아니다. 영국은 EU에서 벗어난 진로를 개척하려고 한다. 우리는 경제 및 외교적 협력은 물론 기후 변화 문제에 함께 대처하는 데는 적극 나서겠지만 정치적으로 EU에 속해야 한다는 압박에는 굴복하지 않을 것이다.

마지막은 이민과 복지 문제다. 영국은 가장 성공적인 다민족, 다종교, 다민족 민주주의 국가 중 하나다. 하지만 최근 수년간 이민 압력이 과중하게 커지고 있다. 현재 영국으로 매년 순유입되는 인구만 35만 명에 달한다. 10년이면 350만 명이 되는 셈이다. 우리가 우려하는 것은 바로 이 엄청난 숫자의 압력이다. 이민자들 때문에 공공서비스와 복지예산 부담이 가중되고 있다. 이것은 영국인들의 가장 큰 고민거리다. 이런 우려가 조금도 불합리하다고 생각하지 않는다. 나 역시 공공서비스를 둘러싼 지역사회의 우려가 날로 커지는 것에 대해 걱정하고 있다. 당연히 EU 외부에서 이민에 대해 좀 더 강력히 통제할 필요가 있다. 나는 유럽 내의 자유로운 이동을 지지한다. 많은 영국 사람들이 유럽 각국에 살며 자유로운 이동의 혜택을 누리고 있다. 문제는 자유로운 이동에 따른 복지 부담이 굉장히 큰 압력이 된다는 것이다. 이민자가 영국의 복지 시스템을 온전히 누리려면 영국에서 최소 4년간 일해야 한다는 조건을 내건 것은 이때문이다. 이들 네 가지 문제는 충분히 해결 할 수 있는 현실적인 것들이다. EU개혁을 이뤄 영국이 EU에 남도록 캠페인을 벌이고 싶다. 하지만 올바른 협상이 이뤄지지 않는다면 서두르지 않을 것이다. 2017년까지 얼마든지 국민투표를 미룰 수 있다. 서두르는 것보다 올바른 합의를 이뤄내는 것이 더 중요하다. 국민투표에서 영국이 EU 안에 남아있길 결정하더라도 그것이 끝이라고 생각하지 않는다. 오늘날 EU 시스템은 이들 문제 외에도 많은 결함들을 안고 있다. EU 국민들의 번영과 경제 발전을 위해 EU는 개혁이 필요하며 개혁은 계속될 것이다.

마지막으로 나는 영국이 EU를 벗어나 성공할 수 없다고 생각하지 않는다. 영국은 경제규모가 세계에서 다섯 번째로 큰 나라다. 영국은 엄청난 재능과 자원을 보유하고 있다. 문제는 영국이 EU를 벗어나 성공할 수 있느냐가 아니라 우리가 어떻게 가장 성공하고, 번영하고, 가장 많은 일자리를 창출하고, 어떻게 이 나라를 안전하게 지킬 것인가다. 우리는 EU라는 단일 시장의 혜택을 보겠지만 우리만의 통화, 파운드를 고수할 것이다. 우리는 유럽을 자유롭게 이동하며 혜택을 보겠지만 우리만의 국경은 유지할 것이다. 우리에게 유럽은 독립된 민족 국가들로써 서로 협력하고 공동의 이익을 위해 노력하는 연합체이지 영국인들이 원하지 않는 수준의 정치적 연합은 아니다.

다보스포럼 현장에서 가열차게 펼친 캐머런 총리의 이 같은 브렉시트 벼랑 끝 승부수는 결국 약발을 발휘했다. 브렉시트를 무기로 EU과 벼랑끝 협상을 벌인 끝에 영국이 EU로부터 상당수준의 양보를 얻어내는데 성공했기 때문이다. 2016년 2월 19일 브뤼셀에서 열린 EU 정상회담에서 통과된 EU

개혁 협상합의안은 캐머런 총리가 "EU 내 영국에 특별한 지위를 인정한 것"이라고 평가할 정도로 영국입장을 대부분 반영했다. EU 회원국이면서도 그동안 따로 떨어진 섬처럼 EU와는 다른 독자적 노선을 걸어왔던 영국이 공식적으로 EU 내에서 특수한 지위를 부여받게 된 셈이다. EU라는 통합의 틀에 속해있지만 영국 국익에 따라 EU와는 다른 행보를 취할 수 있게 됐다는 의미다. 이 때문에 브렉시트 가능성은 크게 줄었지만 강한 EU 통합 흐름에는 장애물로 작용할 것이란 게 EU 내 대체적인 분위기다.

합의안은 먼저 영국의 요구대로 파운드화를 쓰는 영국처럼 독자통화를 사용하는 EU 회원국을 유로존과 차별하지 않기로 했다. 현재 글로벌 금융 허브 런던에서 유로화 관련 상품이 대거 거래되고 있다. 그런데 EU 일각에서 EU 비非유로존 국가에서 거래되는 유로화 표시 상품을 규제하려는 움직임을 보여왔는데 이에 브레이크가 걸린 것이다. 영국은 또 강한 EU 통합을 반대했고 EU는 영국의 예외를 인정해주기로 했다. EU의 강한 정치적 통합에 참여하지 않더라도 영국을 EU 회원국으로 인정하겠다는 것이다. EU차원의 법을 회원국 의회가 거부할 수 있는 권한도 주기로 했다. 이민이슈도 영국의 뜻대로 됐다. EU는 회원국 정부가 원하면 이민자 복지를 중단할 수 있는 '세이프가드'를 도입하기로 했다. 영국과 EU 정상들이 EU 개혁 합의안을 승인했지만 브렉시트 가능성이 완전히 사라진 것은 아니다. 캐머런 총리는 2016년 6월 23일 영국의 EU 잔류 여부를 묻는 브렉시트 국민투표를 실시하기로 했다.

EU가 대폭적인 양보를 통해 브렉시트 가능성을 확 낮췄지만 앞으로 다른 회원국들이 영국처럼 EU탈퇴를 무기로 EU나 다른 회원국들을 협박해 양보를 얻어내는 사례가 빈번해질 것이라는 경고도 잇따르고 있다. 유로화를 쓰는 유로존 국가들의 불만도 커질 것으로 보인다. 유로존 국가들은 단일 통화인 유로화를 채택한 '원죄' 때문에 독자적인 환율정책을 쓰지 못해 경기침체 때 상대적으로 더 큰 어려움을 겪는 경우가 많다. 핀란드, 그리스 등 단일통화 부작용을 겪고 있는 나라의 경우, EU 회원국 지위는 유지하면서 유로화는 사용하지 않겠다고 요구할 수 있다.

# CHAPTER 3

# 위기의 유럽

2016년 2월 9일 독일, 프랑스, 이탈리아, 네덜란드, 벨기에, 룩셈부르크 6개국 외무장관이 이탈리아 로마에 모였다. 60년 전인 1957년 2월 9일 이들 6개국이 EU 모태인 유럽경제공동체EEC 창설을 위해 로마조약을 체결한 것을 기념하기 위해 모인 것이다. 이들 외무장관들은 회담 뒤 "당면한 도전들에 대한 최선의 답은 EU 존속"이란 성명을 내놨다. 그만큼 현재 유럽은 풍전등화 위기에 처해 있다. EU라는 구심력 아래 미국과 함께 서구사회 한 축으로 군림하던 위상을 잃어버리고 있다. 그렉시트에 이어 브렉시트, 픽시트Fixit, 덱시트Dexit까지 불거지며 균열이 심각해지고 있다. 파올로 젠티로니 이탈리아 외무장관은 회담 뒤 "유럽은 60년 전 창설된 이래 현재 가장 어려운 시기에 처해 있다"고 토로했다.

이처럼 지난 1993년 EU가 출범한 지 20여년 만에 최대 위기에 직면한 상태다. 1946년 당시 영국 수상이던 윈스턴 처칠이 "유럽에도 국제연합UN과 같은 기구가 필요하다"고 역설한 뒤 유럽석탄철강공동체ECSC, 유럽경제공

## EU 영향권 벗어나려는 유럽국가들

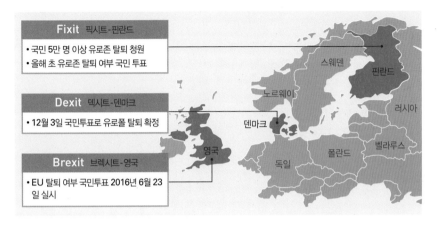

**Fixit 픽시트-핀란드**
- 국민 5만 명 이상 유로존 탈퇴 청원
- 올해 초 유로존 탈퇴 여부 국민 투표

**Dexit 덱시트-덴마크**
- 12월 3일 국민투표로 유로폴 탈퇴 확정

**Brexit 브렉시트-영국**
- EU 탈퇴 여부 국민투표 2016년 6월 23일 실시

동체, 유럽원자력공동체EURATOM, 유럽공동체EC를 거쳐 마침내 EU로 완성된 '하나의 유럽'이 흔들리고 있다. EU는 유럽 단일시장을 구축하고 단일통화 (유로)는 물론 공동의 외교안보정책을 수립하고 EU 국가 간 자유로운 이동을 보장함으로써 '규모의 경제'와 '규모의 안보'를 구축한 공동체다. 경제·외교적으로 미국과 중국이란 단일 초강대국 G2 틈바구니에서 공동전선을 펴며 국제사회의 키플레이어 역할을 해온 것이 EU의 역사다.

2008년 9월 글로벌 금융위기 충격속에 2010년 PIGS(스페인, 포르투갈, 이탈리아, 그리스) 발 유로존 재정위기를 가까스로 넘겼던 유럽은 현재 경제, 외교, 지정학 등 온갖 악재가 결합된 메가톤급 위기에 시달리고 있다.

특히 테러와 난민 사태는 유럽에 새로운 도전을 안기고 있다. 난민에 온정적인 요하임 가우크 독일 대통령까지 다보스포럼에 참석해 유럽에 난민

'유럽의 미래' 세션 참석자들이 위기에 처한 유럽의 미래를 전망하고 있다. 왼쪽부터 로빈 니블렛 영국 채텀하우스 소장, 마르크 뤼터 네덜란드 총리, 마뉘엘 발스 프랑스 총리, 알렉시스 치프라스 그리스 총리, 엠마 마르체갈리아 이탈리아 경제인연합회장, 볼프강 쇼이블레 독일 재무장관

쿼터제를 도입해야 한다고 주장했다. 가우크 대통령은 "난민을 제한하는 것은 유럽 안정을 위해 필요하다"고 말했다. 시리아, 리비아 등지에서 난민이 밀려들고 있는데다 2015년 11월 파리테러 이후 각국에 테러 위협이 급증하면서 유럽 각국은 국경통제를 강화하고 있다. EU 근간을 흔드는 각국의 국경통제를 막기 위해선 난민쿼터제만이 해답이라는 것이다. 프랑스에선 테러범 국적박탈 조항을 헌법에 반영하자는 개헌논의로 시끄럽다. 프랑스 하원을 통과한 개헌안에는 테러로 유죄판결을 받은 자국 국민의 국적을

알렉시스 치프라스 그리스 총리가 유럽이 맞닥뜨린 여러 문제들에 대한 입장을 밝히고 있다.

박탈할 수 있도록 하는 내용이 담겨 있다.

브렉시트 등 EU 회원국들의 이탈 조짐도 EU 위상을 훼손시키고 있다. 핀란드도 유로존 탈퇴 여부를 국민투표에 붙일 계획이다. 핀란드가 심각한 경제난에서 벗어나려면 더 이상 유로존에 머물러선 안 된다는 국민들의 원성이 커지고 있기 때문이다. 핀란드는 서방의 경제제재를 받고 있는 최대 수출국 러시아로의 수출길이 막히면서 지난 2008년 대비 수출이 30% 이상 급감했다. 덴마크는 국민투표를 통해 EU 사법조직인 '유로폴Europol' 탈퇴를 결정했다. 파리테러 이후 북유럽 각국에 테러 공포가 확산되고 있지만 유로폴이 별다른 대처를 하지 못한 것에 따른 반감 때문이다.

하나의 유럽과 EU를 떠받치던 신념과 원칙이 흔들리면서 유럽 각국은 각자도생에 나선 상태다. 특히 EU를 지탱하던 유로존과 셍겐조약이 흔들리면서 이와 맞물린 지정학적 갈등도 폭발 직전이다. EU 29개국 가운데 유로화를 사용하는 유로존은 19개국만 참여하고 있고 여권 없이 유럽의 국경을 자유롭게 넘나들게 한 셍겐조약 역시 EU 회원국 모두가 참여하는 것은 아니다. 곪을 대로 곪은 이들 간의 괴리가 결국 폭발한 것이다.

다보스포럼 '유럽의 미래Future Of Europe'세션에선 이 같은 유럽의 지정학적 갈등 상황이 고스란히 표출됐다. 알렉시스 치프라스 그리스 총리는 "현재 유럽은 트리플 위기에 빠져있다"며 "경제위기, 불평등 위기, 정치적 위기가 그것"이라고 주장했다. 엠마 마르체갈리아 이탈리아 경제인연합회장은 "유럽이 파편화되면 그 자체로 재앙"이라며 "모든 문제는 유럽 각국이 자국 이해관계에만 얽매여 국가적인 접근National Approach에만 집중하기 때문에 발생하고 있다. 지금 우리에게 필요한 것은 전 유럽을 고려한 접근법European Approach"이라고 강조했다.

난민문제는 현재 유럽의 가장 큰 골칫거리다. 유럽 난민문제를 담은 더블린조약을 둘러싼 갈등도 첨예하다. 치프라스 그리스 총리는 "난민문제는 국제적 이슈"라며 "유럽이 함께 그 부담을 나눠야지 일부 국가에만 떠넘겨선 안 된다"고 지적했다. 뤼터 네덜란드 총리는 "유럽으로 밀려드는 난민이 EU가 감당할 수 있는 숫자를 넘어섰다"며 "적절한 난민 배치 시스템이 하루속히 구축돼야 한다"고 주문했다. 뤼터 총리는 "유럽 내 자유로운 이동 정책을 없앨 순 없고 더블린조약에 근거해야 한다"고 말했다. 더블린조약은 유럽으로 유입되는 난민에 대한 처리 방침을 담은 조약으로 지난 1997년 발효됐다. 난민들이 처음 발을 디딘 유럽 국가가 이를 수용할 의무가 있다는 것이다. 이 때문에 지리적으로 북아프리카, 중동 지역 난민들의 유입 관문이 되는 그리스나 이탈리아 등에만 과도한 난민 부담을 지운다는 비판이 비등하고 있다. 독일이 주장하는 난민쿼터제(할당제)도 이런 불평등한 상황을 해소해 난민문제를 EU 차원에서 타개하기 위한 것이다.

일각에서는 난민 수용을 통해 EU 성장률을 높일 수 있다는 주장을 내놓고 있다. EU 집행위원회는 2016년 유로존 경제성장률을 1.7%, 2017년에는 1.9%로 예상했다. 다보스포럼에서 발표된 국제통화기금IMF 난민 보고서는 유럽으로 유입되는 난민들이 각국 고용시장에 성공적으로 통합되면 2020년까지 EU GDP 규모가 0.25%포인트 더 높아질 것으로 예측했다. 난민 유입이 집중되고 있는 오스트리아, 독일, 스웨덴의 경우 성장률이 0.5~1.1%포인트 추가로 높아질 수 있다고 예상했다.

CHAPTER 4

# 존 케리 미국 국무장관의
# 반테러리즘

2015년 11월 파리 테러 사태에 전 세계가 경악했다. 파리 시내 곳곳에서 벌어진 테러로 130여명의 사망자가 발생했다. 테러를 주도한 수니파 극단주의 무장단체 이슬람국가ıs 등 테러세력들은 특정 지역, 특정 세력 간 문제를 넘어 이제 전체 문명사회를 위협하고 있다. 존 케리 미국 국무장관은 다보스포럼 연설에서 반反테러리즘 공동전선을 구축해야 한다고 역설했다. 케리 장관은 "테러 등 극단주의와 전쟁에 나서야 한다"고 주문했다. 다음은 케리 장관의 주요 연설 내용이다.

🗩 존 케리 2015년 한 해에는 정말 많은 일들이 있었다. 여러분들은 어떤 사건이 가장 기억에 남는가. 해변에서 시신으로 발견된 시리아 난민 아기, 주황색 점퍼를 입고 살인을 저지르는 테러범들, 전쟁으로 파괴된 도시들, 화형 당한 요르단 조종사가 떠오른다. 나는 2차 세계대전이 종료된 직후에 태어났는데 살면서 이렇게 끔찍한 일들이 한꺼번에 일어나는 것을 본적이 없는 것 같다. 뉴스 헤드라인을 보면 항상 테러

존 케리 미국 국무장관이 전 세계 테러리즘에 맞서는 미국의 입장을 밝히고 있다.

리스트들에 대한 이야기만 나오는 것 같다.

난민들은 더 나은 삶을 위해 길을 나선 것이다. 민간인들을 살해하는 테러범들은 겁을 주기 위해 테러를 저지른다. 우리 세계가 이제 돌이킬 수 없을 정도로 파괴됐다고 말하는 사람들은 이것을 '뉴노멀New Normal'로 부르며 이에 익숙해져야 한다고 말한다. 하지만 여기서 말하는 뉴노멀은 우리가 결코 원하는 세상이 아니다. 우리가 현재 느끼는 불만과 좌절감을 꼭 우리의 약점으로 보지는 않는다. 우리가 이런 문제들을 인지한다는 것은 우리의 강점이라고 믿는다. 사람들이 다보스에 왜 오겠는가. 세계를 바꾸려고 다보스에 모이는 것이다. 물론 우리에겐 당장 해결해야 할 문제들이 많이 있지만 과거 세대도 이런 시련들을 겪어왔다. 세상에는 안 좋은 일들만 있는 것이 아니다. 전 세계적으로 일어나는 긍정적인 변화도 알아야 한다고 생각한다.

현재 세계는 과거 어떤 시대보다 빨리 변하고 있다. 1990~2015년 사이에 유아 사망률은 반 이상 줄었고 수명도 늘어났다. 초등학교를 다니는 후진국 아이들 숫자도 늘었다. 2001년만 해도 아프가니스탄에서는 100만 명의 아이들만이 학교를 다녔고 모두 남학생이었다. 지금은 800만 명의 아이들이 학교를 다니고 있고 그 중 40~45%는 여학생들이다. 이런 것이 변화다. 지난 수년간 25억 명의 사람들이 깨끗한 물을 마실 수 있게 됐고 극빈층 수는 반으로 줄었다.

얼마 전까지만 해도 이란은 핵 프로그램을 진행하고 있었고 몇 개월 내에 10~12개 핵폭탄을 개발할 수 있었다. 다른 나라 정상들은 나에게 이렇게 말했다. "이란에 폭탄을 터트려라. 그 방법밖에 없다." 하지만 이제 이란은 더 이상 핵개발을 하지 않는다. 버락 오바마 대통령은 이란과의 협상이 많은 비판을 받을 것으로 예상했다. 하지만 이런 외교적인 노력이 없었다면 분명 전쟁이 일어났을 것이다. 수많은 노력과 협의를 통해 우리는 이란 핵 프로그램을 막아냈다. 앞으로 10년간 우리는 서로에게 신뢰를 심어줘야 한다. 우리는 이란에 조사단을 추가로 파견할 것이고 24시간, 365일 감시할 것이다. 이제 국제원자력기구IAEA는 이란 핵 프로그램에 대해 모든 것들을 투명하게 알게 됐다. 이란은 더 이상 핵무기를 개발하지 않기로 했고 UN 안전보장 이사회를 통해서도 다시 한 번 합의했다. 이제 그 지역은 물론 전 세계가 더욱 안전해졌다.

2015년 12월 파리에서 190개국 정상들이 모여 기후변화에 대해 논의했다. 지난 20년 넘게 이 문제를 풀어내려고 노력했고 드디어 파리에서 그런 회의를 가질 수 있게 됐다. 3년 전 국무장관에 처음 임명됐을 때 중국은 우리와 협의하려 하지 않았다. 처음에는 서로를 의심했지만 결국 중국과 좋은 파트너십을 맺을 수 있게 됐다. 시진핑 주석과 오바마 대통령이 파리총회 1년 전 베이징에서 역사적인 합의를 이뤄냈고 파리총회 역시 성공적으로 마무리됐다.

오바마 대통령은 쿠바와 국교를 정상화시켰는데 물론 미국의 이익을 위해서이기도 하지만 쿠바 국민들에게 더 나은 삶을 주려고 한 결정이기도 한다. 우리는 쿠바 민간기업들을 지원했고 수천 명의 쿠바사람들에게 일자리를 줬다. 최근 체결된 쿠바와 미국의 로밍 협약에 따라 이제 쿠바 국민들은 전 세계와 연결되고 더욱더 많은 정보를 얻을 수 있게 됐다. 변화를 위해선 생각을 해야 하고 행동을 해야 한다. 물론 쿠바와 미국은 아직 많은 이슈에 대해 다른 생각을 가지고 있지만 이젠 더 존중하는 자세를 가지고 논의할 수 있게 됐다.

2015년 10월에는 7년간의 논의 끝에 환태평양경제동반자협정$_{TPP}$을 체결했다. 이번 협정을 통해 노동, 환경 등 많은 부분들이 업그레이드 될 것이다. 이 때문에 현재 많은 나라들이 TPP에 가입하길 원하고 있다.

미국 정부는 더 많은 난민들이 새로운 곳에 정착 할 수 있도록 노력할 것이다. 리비아에 정부를 세우려고 하고 콜롬비아에서 일어나고 있는 내전을 종식시키려고 노력하고 있다. 인도와 파키스탄 관계를 정상화시키려고 노력하고 있고 한국과 일본 외교 관계도 정상화시키려고 한다.

어떤 문제든 지속적으로 노력하면 해결할 수 있다. 미래에 엄청난 기회가 있을 거라고 생각하고 좋은 결정을 내린다면 우리가 원하는 대로 흘러갈 것이라고 생각한다. 성공적인 스토리를 위해선 세 가지 요소를 갖춰야 한다. 첫째는 투명한 지배구조를 구축하는 것이고 둘째는 청년들에게 기회를 주는 것이다. 마지막은 극단주의와의 싸움에서 이기는 것이다. 지배구조를 지속적으로 업그레이드 시키면 우리가 직면한 문제들을 모두 풀어낼 수 있다. 우리는 청년들이 경제활동을 할 수 있도록 인도해줘야 한다. 그렇지 않으면 이들은 극단주의에 빠질 수도 있다. 우리는 그들에게 교육의 기회를 제공해야 한다. 그래야 이런 현상을 막을 수 있다. 이제 행동에 나서야 한다. 한시가 급하다. 정부는 청년들이 창업에 나설 수 있도록 규제를 없애야 한다. 여성들도 경제활동을 할 수 있게 지원해야 한다. 마지막 과제는 안보다. 테러리즘과 싸우려면 개혁이 필요하다. 현재는 계획대로 진전되고 있다. 아직 갈 길은 멀지만 좋은 방향으로 가고 있다는 건 확실하다.

## "브렉시트가 현실이 되면
## 유럽연합과 영국에
## 모두 최악"

존 리딩
파이낸셜타임즈 회장

다보스포럼 현장에서 만난 존 리딩 〈파이낸셜타임즈FT〉 회장은 브렉시트 가능성에 상당한 우려를 표명했다. 브렉시트 논란과 관련, 리딩 회장은 "몇 년 전이라면 당연히 영국이 EU에 머물 것이라고 했겠지만 이제는 잘 모르겠다"며 걱정스런 표정을 지었다. 그러면서 리딩 회장은 "브렉시트가 현실이 되면 유럽연합과 영국에 모두 최악이 될 것"이라며 "영국은 EU를 EU는 영국을 필요로 하기 때문"이라고 설명했다. 난민사태, 테러 발생으로 EU 국경개방 정책에 대한 안보불안감이 커진 점이 브렉시트에 힘을 실어주고 있다는 진단도 내놨다.

알리바바 잭마 회장의 사우스차이나모닝포스트 인수에 대해 "좋은 뉴스인지 모르겠다"며 비판적으로 바라봤다. 리딩 회장은 "마 회장이 언론 자유 개념은 알고 있지만 이를 실제로 믿고 있지는 않는 것 같다"며 "중국 입김이 세지면서 사우스차이나모닝포스트가 벌써부터 중국 정부를 의식하기 시작했고 이는 앞으로 더욱 가속화될 것"으로 내다봤다.

지난해 일본경제신문(닛케이)이 영국 대표 경제지 〈파이낸셜타임즈〉를 인수한 것과 관련해 영국인들의 반응을 묻는 질문에 리딩 회장은 "사실 보수진영에서 일본에 신문을 팔아넘겼다는 비판의 목소리가 나올 것 같아 처음에는 많은 걱정을 했다"고 실토했다. 하지만 예상 외로 영국민들이 외국인의 지분인수에 대해 크게 문제를 삼지 않았다고 한다.

리딩 회장은 "FT가 1970년대부터 국제화에 나서 국제적인 플레이어가 된데다 닛케이에 인수되더라도 FT는 런던에 그대로 머물러 있고 편집독립권도 보장을 받은 상태였다는 점이 합리적인 판단을 이끌어낸 것 같다"고 덧붙였다. 변화를 거부하는 사내 기자 중 일부가 반대 목소리를 냈지만 이제는 대다수가 열성적으로 지지하고 있다고 강조했다. 리딩 회장은 닛케이의 FT 인수를 닛케이 국제화의 신호탄으로 해석했다. 리딩 회장은 "지난 20여 년간 한국과 중국은 역동적인 모습을 보인 반면 일본은 다소 침체돼 있었다"며 "인구까지 줄어드는 상황에서 일본도 세계로 뻗어나가야 한다는 국제화 필요성을 인지하고 FT를 인수한 것"으로 해석했다. 닛케이가 아시아지역에 강점을 가지고 있는 만큼 닛케이와의 글로벌 연대를 강화, 아시아시장 공략도 본격화할 예정이라고 설명했다.

FT는 온라인 신문 유료가입자(디지털 서브스크립션) 확충에 공격적으로 나서고 있다. 신문구독자를 포함해 77만 5,000명의 가입자를 확보하고 있는데 지속적으로 숫자가 늘어나고 있다. 그렇다고 온라인에만 올인하는 것은 아니다. 프린트(신문)도 여전히 안정적인 부수를 유지하고 있다. 리딩 회장은 "온라인에 밀려난다고 하지만 실제로 FT의 프린트 구독 부수는 여전히 안정적"이라며 "프린트 구독 전망을 상당히 낙관하고 있다. 앞으로도 온라인과 신문을 병행하는 전략을 지속할 것"이라고 강조했다.

**인공지능발 4차 산업혁명**

# 2016 다보스 리포트

**초판 1쇄** 2016년 4월 8일
**4쇄** 2016년 9월 9일

**지은이** 김정욱·박봉권·노영우·임성현
**펴낸이** 전호림 **편집장** 강혜진 **담당PD** 신수엽 **펴낸곳** 매경출판㈜
**등 록** 2003년 4월 24일(No. 2-3759)
**주 소** 우)04557 서울시 중구 충무로 2(필동1가) 매일경제 별관 2층 매경출판㈜
**홈페이지** www.mkbook.co.kr
**전 화** 02)2000-2610(기획편집) 02)2000-2636(마케팅) 02)2000-2606(구입 문의)
**팩 스** 02)2000-2609 **이메일** publish@mk.co.kr
**인쇄 · 제본** ㈜M-print 031)8071-0961

ISBN 979-11-5542-441-4(03320)
값 16,000원